筆尖上的成長

名師教你寫作文

卷一

上

王素敏　編著

序言*

王俊成

北京八中校長

看到王老師這厚厚的三十萬字左右的作文指導書稿，我知道這是他們師生心血的結晶，是他們用心用行、有悟有得的「真」呈現！靜心品讀，字裡行間讀出一顆顆真誠的心靈和一個個豐富的頭腦，更有文字背後一個個鮮活的生命和豐富多彩的現實生活。所以，作為教育工作者看到老師和學生們平日良好的學習狀態而結出的成果，由衷地高興和欣慰，更別有一番教育情懷在心頭！

在這本書中，我看到了學生們作文中一點點思考、感悟、蛻變的成長軌跡，這些文章既是學生交給老師的作業，更是他們對人生、社會和文化等全方位的思考和感懷。這當中，學生們用優美、真誠、淳樸的語言描繪著他們眼中、心中的生活。詞采之精美、見解之深刻、視野之開闊，呈現著北京八中學生，尤其是北京八中實驗班學生的風采，因而這些作品就不僅僅是一份份作業了，更是一次次獨到的生命體驗，是與老師、與生活進行的心靈對話，借用其中的一個作文題目就是「訴說與傾聽」。這當中，學生們的才智、情懷與思想得到了最大程度的發掘與尊重，在寫作這個舞臺上，他們的作文「舞姿」優雅，自信而從容地行走

＊編按：本文原收入《筆尖上的成長：北京八中王素敏老師教你寫作文》。

在作文這個廣闊的天地間，那種才思與情懷，讓我感到教育教學的魅力與使命，更讓我們觸到了教育這個「場」的能量和高尚。教師言傳身教，學生感同身受；教師的「知識＋風範」生成學生的「智慧＋能力＋情懷＋境界＋品格」！閱讀這些「優品作文」，就是在與一個個鮮活的生命進行一次次別開生面的對話。

在這本書中，我還看到了王老師多年來耕耘在作文教學這片沃土上，厚實的積澱與不斷的開掘嘗試，這是難能可貴的。從中我們可以看到王老師是一個教學的「有心人」，她善於發現學生寫作的最佳契機和潛力，充分調動和尊重每位同學寫作的積極性和主動性，能激發學生的創作熱情，和學生們一道享受寫作帶來的成就感和幸福感。正如書中寫到「我手寫我心」，將寫作視為一種學習和記錄生活與生命成長的方式，努力在自己的教學中積累、感悟和昇華，這需要教師有情懷有視野有思想，並能常常被學生們作文中自然流露出的真善美打動，不但發現著美，更創造著美。這既是王老師教學中秉持的信念，也是和她一道的很多教師的教育追求。王老師正是秉承著八中「著眼於未來、著力於素質」的辦學理念，潛移默化地滲透著八中「提升人的生存能力、提升人的生活品位、提升人的生命價值，促進社會發展、促進人類美好」的教育思想，並將其自覺地融入作文教學中。所以，學生們的作文中才會自然地呈現出「文化感」、「歷史感」、「哲學感」、「時代感」等這些鮮明的特色。這是很有價值和意義的，為我們打開一個新世界，讓自由的心靈縱橫捭闔。

這本書中我更欣喜地看到王老師在作文教學中另闢蹊徑，初步探索出一條適合學生實際的、行之有效的作文之路——讀寫結合，這也是北京八中語文組一直的探索和追求。多年來語文組的老師們切磋琢磨，共

用學生作文的進步；特別值得肯定的是王老師將學生作為一種獨特的優質教育資源，踐行著「勤奮、進取、和諧、致美」的校訓。這是對學生極大的尊重，也是對教育深刻的理解和尊重。

　　有些風景，如果你不站在高處，你永遠體會不到它的魅力；有些路，如果你不去啟程，你永遠領略不到它鋪展的美麗風景！我看到這本集子，就感覺到王老師和她的學生們已經站在了一定的高度，並在幸福的寫作之路上啟程了，雖然來路方長，但未來必定一路好風光。我想，這些靈動鮮活的文字透射出的北京八中從容本真的「素質教育」，在於成就著學生、成就著教師，同時也成就著一所好學校，更成就著教育的神聖和榮耀！

2013 年 7 月 12 日於北京

作文，心靈成長的足跡*

邊境

語文特級教師、北京西城區教研員

　　教育的本質是育人，作文教學當然也不例外。因為作文是人類心聲的文字呈現，教習作文與涵養心性從來就密不可分。

　　北京八中王素敏老師的作文教學，有兩個突出特點。一是關注學生的心靈成長、精神建構；二是狠抓讀寫結合，以閱讀養寫作。這兩個特點，正體現了作文教學的本質與基本規律。現如今，各種作文「大法」、「妙招」的廣告滿天飛，各種得分「鑰匙」、「秘笈」擺滿大小書店的書架，王老師質樸而本色的「笨」教法就更具有了值得彰顯的現實意義。

　　人究竟為什麼要寫作？因為感受到生活的豐富與多彩、靈魂的苦痛與幸福，因為熱愛真善美、痛恨假惡醜，因為心中有想法不吐不快⋯⋯因此，有個人的思想、個人的人生感悟，有獨特的生命體驗，作文才有價值。清代學者沈德潛說：「有第一等胸懷抱負，第一等學識，斯有第一等真詩。」只有見識高遠、學養深厚，才能寫出折射生命本色的上乘佳作。因此，評價作文的第一要義，就是立意的高下與內容的優劣。

　　高中三年，十六歲到十八歲，正是一個人從少年到成年的關鍵時期，應該努力汲取人類精神的營養，發出時代的強音。王老師的作文教

＊編按：本文原收入《筆尖上的成長：北京八中王素敏老師教你寫作文》。

學，正是以這種使命感自期的。心靈的成長，不是一日之功，需要日復一日的灌溉與滋養，需要熱情而平等的鼓勵與支持。為了讓善良、正義、忠誠、責任、科學、民主、自由、平等、博愛、寬容、氣節、人權、公正……這些良知的種子在學生的心田裡扎根成長，為了讓學生養成真誠而負責的寫作態度、學會獨立而不偏激的理性思考，王素敏和八中的其它老師們付出了智慧而辛勤的勞動。

王素敏老師的作文指導與批改，被學生稱作「思想的盛宴」。記得在高考《滿分作文的背後》一書中，一位作文滿分的八中學生寫道：「我不知怎樣寫出滿分作文，只知道我的每一篇作文，都是心靈成長的足跡。」我想，學生的回饋，就是八中作文教學的最好寫照。

怎樣引導學生的心靈成長？王素敏等老師採取的主要辦法就是引導閱讀。

美國女詩人狄金森，有一首小詩，凝練地表達了閱讀之於人類靈魂的作用：

> 沒有一艘船能像一本書
> 也沒有一匹駿馬能像
> 一頁跳躍著的詩行那樣——
> 把人帶往遠方。
> 這條路最窮的人也能走
> 不必為通行稅傷神
> 這是何等節儉的車——
> 承載著人的靈魂。

書籍是人類思想與文化的結晶，是啟蒙的鑰匙、是思想的源頭。閱讀能讓人視野開闊、學識豐富，又能讓人學會思考，頭腦清醒。這正是

寫好作文的基本需要。讀書多了，感受多了，有了區別，就有了比較，理性思考的需要就產生了。這時的思想才有根，才是自己的思想；這時才能擺脫盲目照搬的機械，學會真正的「為我所用」。

以讀書養寫作，是真正寫好文章的必由之路。長久地滯留在文化荒漠或浸泡在低級惡俗文化中，不可能長出高貴的靈魂，也不要指望能寫出有真品位的文章。

作文靠語言傳遞思想，語言的學習在作文教學中不可或缺。「言之無文，行而不遠。」王老師重視學生的語言學習，而閱讀正是引導學生學習語言的主要管道。馮驥才曾說：「文學以語言為呈現方式，作家的優勢在於對語言的把握和語言的富足。」高中生雖然不是作家，但好作文一定離不開好的語言表達。中學階段正是提高母語表達水準的關鍵時期，在閱讀中追求語言的清通與典雅，也是王老師這本集子的意圖所在。須知引導學生質樸為文、真誠寫作與積累語言、學習表達並不矛盾。「語淺情遙」是好表達，承載著思想的文采斐然也是好的表達。在後面的學生習作中，學生們處處閃爍的真知灼見與多姿多彩的表達風格，會讓讀者飽覽八中學生的風骨與才情。

學生是民族的未來。也許他們的作文還有這樣那樣的問題，但是只要他們走上了追求真理的道路，只要他們記住了老師們「我手寫我心」的教導，他們就會在否定與更新中成長，走出精彩的自我，寫出更新更美的篇章。

長江後浪推前浪，優秀教師的使命就是要打開窗，讓學生展翅高飛；推開門，讓學生走向遠方。

2013 年 7 月 20 日於北京

自序

王素敏

　　一直以來思考著關於作文的種種，縈繞於心間的總少不了閱讀與寫作、成長與優品等這些日常寫作中繞不開的東西。偶然間發現「筆尖上的成長」是一個很有魅力和生命力的詞，一下子點醒了沉睡的寫作生活，汩汩然像一口泉眼，一篇篇成長著的優品文在記憶的深處被喚醒，鋪展開來，氤氳出一片別樣鮮活而生動的天地。

　　「文如其人」，一篇優品作文就是一段生動的時光、一個斑斕的故事和一種鮮活的生活，打開這道閘門，充沛著「知、情、理」三位一體的思想和情懷，從多個視角勾勒著作文世界的點點滴滴——

　　高考前，曾經給一個學生面批一篇名叫〈人生最不能等待的〉的作文，他修改完之後寫了一段後記：

　　其實，在寫這篇作文之前的幾分鐘，我覺得人生最不能等待的，就是寫這篇文章，實在是不吐不快。在寫完這篇文章之後的幾分鐘，我又覺得人生最不能等待的恐怕是找您看作文了。畢竟，能找老師批作文的日子已然可以用十指數清了。批作文其實也只是表象，高三語文辦公室裡每天舉行的都是思維和思想的盛宴啊！

　　無數次的作文批改和面批，都是與學生進行的心靈、情感和思想的交流與碰撞，其中有老師的發現，也有師生間的感動，更有彼此觸動心靈的成長，而這些都已然成為學生們珍貴的記憶，因為其中飽含著他們

成長過程中不斷優化的思想認識，這些在這本集子中都清晰可見。

　　批改作文，無異於對學生思想思維上的偏差進行修正，對他們的表達進行由清晰準確到典雅明麗的優化，使學生們的頭腦更加豐富，心靈更加飽滿。其中我發現：學生作文沒有思考認識、胡亂堆砌材料、不講邏輯、東拼西湊的現象非常普遍和突出，更談不上視野、情懷和思考力。於是越來越強烈的想法就是「拯救學生作文」，努力使之靠近或成為「優品作文」。因為，作文的本質是寫作主體內在精神、獨特個性的自由顯現，是其生命力、創造力的文字外化，作文的終極目的就在於解放心靈、培育精神，盡情地釋放寫作主體潛在的想像力、創造力和鮮活的生命力，最終讓寫作成為一種生存方式、一種生活習慣。那麼，學生們對寫作自然充滿了一種欲望和激情，而不再感到是一種「折磨」，進而變成一種從容駕馭的享受了。這些在本書的第八章中有生動的詮釋。

　　這就促使我思考：寫作究竟為了什麼，能從中獲得什麼──

　　★升學需要；

　　★分數以外的認同感和成就感；

　　★人生意義；

　　……

　　從語文到人生、從應試到素養，伏脈沃野，文章寸心。原來，作文可以開啟一段生命的輝煌。

　　如何達成，我想到了一條常被我們忽視的路徑：讀寫結合，從閱讀走向寫作。作文必須反映人的智慧，我們把它叫作思想。很多時候，它可以產生強大的精神力量，讓我們成為生活的強者，這是語文學習的最高境界。葉聖陶先生認為語文學得好不好，主要看兩條，一條是善讀，另一條是善寫。

善不善讀、能否轉化為寫作能力和寫作素養，是我們要思考的問題。「問渠那得清如許，為有源頭活水來。」將閱讀和思考、生活和生命體驗緊密結合起來，要在「靜」的文字裡讀出「動」的思想和生活來，披情入理，才是寫作技巧的真諦。同時，閱讀經典是一番文化濡染的過程，它可以改變人的氣質，「腹有詩書氣自華」、「不肯低頭在草莽」，這是精神和品格高尚的表現。如果很多人的氣質和品格變了，一個時代的社會風氣就會隨之發生變化。所以，閱讀文化經典不僅是改變氣質、文化傳承的需要，更是「數風流人物，還看今朝」的需要。如能是，我們的作文就自然成為「優品佳作」，讓自己的作文和生活充滿活力、睿智和美感，徜徉在人類精神文明的天地間，沐浴著真善美的芳香。「文質彬彬，然後君子」、「要作文，先做人」，都是這個道理。

下面學生的兩段認識，更加堅定了我的這種想法：

★經典之所以成為經典，是因為它有超越時空的不朽價值和新鮮活力。時代不同，社會變遷，但每一個邂逅經典的人都會不停地呼吸經典的芬芳，收穫滋養生命、豐富心靈的高貴的精神財富。邂逅《悲慘世界》中的冉阿讓，體察著他從黑暗走向光明所經歷的蛻變。我們每個人都會經歷心靈的蛻變，但我們能否像冉阿讓一樣做出正確的選擇？我們的「卞福汝主教」又在哪裡？經典引領我們不斷思索，尋找問題的答案。在這過程中，我們的頭腦更加豐富，對人生的認識也更加理性。世界上不可能只有一個冉阿讓，我們邂逅了一個，便去尋找其它，並試著打開通往光明與希望的大門，或許這鑰匙便是經典吧。

★經典，絕不是一個鬢髮斑白的老者，反而是活力四射的青年，蹚著歲月恒流，與一代又一代人對話。

當我們對前路感到迷茫的時候，總愛回頭與經典對話。殊不知，我

們也在改寫著經典。

一個人的力量絕不足以鑄成經典。一個人的力量絕不足以為那薄薄的紙頁提供飛越永恆的動力。

我們在向經典索取，索取經驗教訓，索取至理箴言。然而我們又何嘗不是給予？將時代精神賦予經典，為它鍍上我們這個時代的金光，當它航行在歷史長河的時候，助它一臂之力。

所以經典絕不是一個老者，讓我們屈膝在他身前，默默聆聽他的教誨。反而像是同儕之間的對話，共用精神盛宴。

本書採用由內而外、從主到次、由近及遠、由局部到整體的編排方式。第一章「從閱讀走向寫作」，這是作文前的必要儲備；第二章「與『優品作文』有約」，試圖勾勒「優品作文」的輪廓或展示範例；第三章「情懷與自我」和第四章「思想與視野」為作文的內容，也是作文的內涵；第五章「語言與結構」是作文外在的表達；第六章「積累與整合」是作文技法方法的介紹；第七章「品格與詩意」則是將一篇文章視為一個生命，整體氣質內外兼修；第八章則是這種「優品作文」長久的生命魅力的傳承。每個文題分「題目呈現」、「解題簡析」和「示例範文」。整體思路是寫什麼、怎麼寫和為什麼而寫的內在邏輯，體現著高中寫作的本質規律和終極意義。

本書收錄的主要是北京八中二〇一二屆、二〇一三屆學生的習作，更有他們畢業後對高中寫作的留戀，這些絕大部分是在考場寫就。作文講評時常有學長範文的引領，這已然成為學生學習寫作的必由之路，他們之間通過文字或網路互相交流，更是八中精神得以傳承的有效途徑。所以，時間不是距離，更不是問題，生命的表達無論何時讀起來總能讓我們怦然心動。相信通過這本書也能引領更多的學子——寫作之路上，

至少，不再畏葸不前；至多，山高水長，一路風光旖旎。

「得作文者得天下」，不只是作文的目標與理想，更是可望可即的生命狀態。

對本書的付梓付出努力的前輩、同事、朋友和學生，這裡一併致謝。

2013 年 7 月 10 日於北京

Contents 目錄

003 **序言 / 王俊成**

006 **作文，心靈成長的足跡 / 邊境**

009 **自序 / 王素敏**

CHAPTER
01

從閱讀走向寫作
——作文的另一條路

002 一、挖掘教材，學習思想

005 二、精讀美文，融會貫通

007 三、探索模仿與創新的道路

010 原來這裡是天堂 / 周旭

013 原來這裡是天堂 / 祁盈

016 原來這裡是天堂 / 武凡

019 原來這裡是天堂 / 朱漢林

022 原來這裡是天堂 / 相冬

025 原來這裡是天堂 / 諸葛弘亮

028 原來這裡是天堂 / 魏聞達

032 感悟蘇東坡 / 周懌

035 沉寂與升騰 / 張夢雯

038 孤獨·突圍 / 侯雨桐

042 中國的繡口 / 肖禹

044 文學的尊嚴 / 鞠夢時

CHAPTER 02

與「優品作文」有約

048 第一節　頂天立地──「優品作文」之基因

057 春歸何處 / 武凡

060 春在枝頭已十分 / 周旭

063 我願追尋 / 肖夏

066 靜待春色 / 張湛

069 歸看梅花雪海香 / 胡博

074 角色轉換之間 / 武凡

077 角色轉換之間 / 孟桐竹

080 角色轉換之間 / 周旭

085 生命因純粹而精彩 / 武凡

088 未嘗濃烈枉一生 / 馬文玉

091 濃重與清淡 / 魏聞達

094 濃重與清淡 / 胡博

098 比城市生活更寶貴的 / 胡博

【附】

101 片段一　比清明的眼淚更寶貴的是溫厚的心 / 李鳴岳

102 片段二　比空谷幽蘭更寶貴的是蓮出淤泥而不染 / 孔德昕

102 片段三　比同情更寶貴的是理解 / 祁盈

102 片段四　比風度更寶貴的是風骨 / 張湛

103 片段五　比相守更寶貴的是遙記 / 周旭

104 片段六　比沉默更寶貴的是全力的吶喊 / 殷子樵

106　第二節　意在筆先─「優品作文」之關鍵

106　一、突破審題的瓶頸

110　二、把握寫作的目的：變要我寫為我要寫

115　行走在消逝中 / 李鳴岳

118　行走在消逝中 / 武凡

120　行走在消逝中 / 倪暢

【附】

122　關於「消逝」─由寫《行走在消逝中》想到的 / 董瑞萌

125　消逝的信仰（另類的文章）/ 董瑞萌

129　無憑誰記 / 周旭

132　依托 / 律燁

134　依托精神之石 / 夏江月

139　這也是一種饒恕 / 張湛

142　這也是一種暴力 / 周旭

147　欣賞 / 胡天禕

CHAPTER

03

作文內容之情懷與自我

150　第一節　文裡乾坤大 篇中日月長

157　我想留住瑪律蒂尼 / 吳鴻儒

159　我想留住童真 / 胡博

【附】

162　片段一　我想留住那場雪

163　片段二　我想留住雷鋒精神

165　片段三　我想留住寒冷

168　清明尋根 / 劉錦成

【附】

171　片段一　為君碑歌 / 相冬

172　片段二　我究竟從哪裡來 / 余茜

175　因為有你 / 馬文玉

178　生活因泥濘而多彩 / 張浦洋

181　生活因你更美麗 / 胡博

184　不能沒有你 / 戴祚銘

187　尋找「小確幸」 / 魯憶

190　那些不一樣的「小確幸」 / 陳朝熹

195　暖一春風又綠江南岸（寫作提綱） / 胡博

197　**第二節　我手寫我心**

203　走向另一個自己 / 周馳

206　走向另一個自己 / 周旭

209　涅槃 / 武凡

212　我的時間 / 朱思先

215　我的時間 / 戴祚銘

218　我的時間 / 胡博

221　我的時間 / 肖夏

228　傾聽與訴說 / 周馳

231　聆聽與訴說 / 李曉理

233　訴說與傾聽 / 陳深

235　傾聽與訴說 / 黃依真

239　我想握住你的手 / 徐天暢

242　我想握住你的手 / 冷光乾

244　我想握住你的手 / 祝晗

CHAPTER 04 作文內容之思想與視野

248 一、積累思想之後，才能有自己的想法

250 二、提升思想和積累素材

257 淺讀哪知深滋味 / 李鳴岳

260 漫談淺閱讀 / 周旭

262 回歸深閱讀 / 李心媛

264 深淺閱讀 / 郭婧怡

268 青山遮不住 / 張湛

270 青山遮不住 / 武凡

273 青山遮不住 / 朱思先

276 站在聖彼得大教堂的門口 / 馬文玉

279 站在窯洞的門口 / 樊茵苂

282 站在武侯祠的門口 / 邵葉晨

286 簡與豐 / 武凡

289 簡與豐 / 周旭

292 簡與豐 / 余茜

294 簡與豐 / 李心媛

CHAPTER 05 作文表達之語言與結構

298 一、思維結構上的「言之有序」

300 二、語言表達上的「言之有文」

306 且行且駐 / 邢像

308 從「一星如月」到「滾滾長江」 / 李睿

313 美麗過後的沉澱 / 石博

315 零落的花瓣成熟的心 / 吳尚竹

318 美與成熟 / 劉穆之

321 生命之美 / 張湛

323 生命的果實 / 劉卉寧

326 曾被我忽視的漢語之美 / 徐天暢

329 曾被我忽視的仙人掌 / 呂俏然

CHAPTER 06 作文訓練之積累與整合

332 一、目標明確、系統規劃

335 二、讀寫結合、源頭活水

343 放手之後 / 武凡

346 功成之後 / 周旭

349 遺忘之後 / 魏聞達

352 無眠之後 / 胡博

355 繁華之後 / 張浦洋

357 野火之後 / 楊陽

360 凋零之後 / 張湛

364 一年好景君須記 / 張湛

366 一年好景君須記 / 戴祚銘

368 一年好景君須記 / 魏聞達

370 一年好景君須記 / 倪暢

375 一路欣賞 / 孫瀟雪

377 漫步人生路 / 周旭

380 站在節點的感悟 / 李心媛

382 春節 PK 耶誕節 / 余茜

385 喜憂參半話春節 / 倪暢

CHAPTER 07 作文整體之品格與詩意

388　一、品格與詩意源自閱讀的積澱

392　二、品格與詩意源自善感的心靈

394　三、品格和詩意源自豐厚的底蘊

398　雅俗需共賞 / 周旭

400　雅與俗 / 劉卉寧

402　雅與俗 / 夏江月

404　雅與俗 / 倪暢

406　雅與俗 / 李鳴岳

408　雅與俗 / 胡博

410　雅與俗 / 魏聞達

412　雅與俗 / 余茜

415　書聲漸遠，車聲漸響 / 武凡

418　古卷青燈再難覓 / 魏聞達

421　在文化急流中徐行 / 周旭

423　別讓心靈「數位化」 / 祁盈

426　挽救「實體書店」 / 馬文玉

428　活出自己的特色 / 相冬

431　面對文化缺失 / 孔德昕

435　忘我精神依然在 / 孟桐竹

437　詩心依然在 / 夏江月

440　清香如故 / 余茜

442　明亮的精神 / 張曦

CHAPTER
08

讓生命在作文之樹上碩果滿枝

450　《牧羊少年奇幻之旅》讀書心得 / 胡博

453　《人類的故事》讀後感想 / 胡博

455　高中語文學習的那些事

CHAPTER **01**

從閱讀走向寫作
——作文的另一條路

寫作文，對同學們來說是件「痛並快樂」的事；寫好作文，對很多同學來說，是可望而不可即的。的確，作文水準是語文素養高下的最重要最綜合的標誌，它是多方面因素決定的。在這一章裡，介紹一種行之有效的好方法──從閱讀走向寫作。

　　閱讀是寫作的基礎，「厚積」才能「薄發」；同學們的作文要達到言之有理、言之有物、言之有序、言之有文的境界，就要從閱讀入手，從深厚的人文底蘊、獨到深刻的思考、真實健康的情感、清晰完整的結構和流暢典雅的語言等幾個方面循序漸進。

　　首先，閱讀與寫作是相互聯繫、相互促進的，閱讀是輸入，寫作是輸出。只有「先入後出」，才能在寫作時做到「才思如泉湧」，汩汩滔滔。所以，閱讀是寫作的「源頭活水」，不僅可以幫助大家獲得必要的語文知識和能力，而且可以幫助提高對真善美的鑒賞能力，陶冶情操。在寫作看似「山窮水盡」時，不妨另闢蹊徑，找到閱讀和寫作的共性。張中行說：「多讀，熟了，筆未著紙，可用的多種表達方式早已蜂擁而至，你自然可以隨手拈來，不費思索就可順理成章。這好似多讀作用的初步，因而筆能達意。」

　　其次，「進一步多讀，熟悉各種表達方式，領會不同筆調的短長輕重，融會貫通，還可以推陳出新，把意思表達得更圓通，更生動」。古人說「勞於讀書，逸於作文」，讀多了讀熟了，學思想、學思路、學表達，就可以推陳出新。積蓄在這些方面增多，既有內容可寫，又熟悉如何表達。魯迅曾說：「必須和蜜蜂一樣，採過許多花才能釀出蜜來。」寫作只有和閱讀結合起來，才能獲得飛翔的翅膀。

一、挖掘教材，學習思想

　　通過課文汲取更多的文化營養，特別要注意領會課文的思想與內

蘊。有些同學以為拓寬視野，只是要多知道些知識，多收集些材料。知識當然要積累，但更重要的是要廣泛地接受人類的進步思想。

【示例1】在學習了《離騷》之後，不妨對屈原的精神與命運作一種深刻的觀照，可以寫寫「屈原精神給我的思考」這個話題，請看下例：

★面對現實的醜陋不堪，沒有頹廢，沒有隨波逐流，有的只是對信念越發強烈、越發執著的追求。難道屈原不知道生命是如此寶貴嗎？他當然知道。但對於一個信念破滅的有志之士而言，生命毫無意義。因為追求完美，所以選擇死亡；因為選擇了死亡，屈原更加完美。

人，因追求卓越而卓越，因追求完美而完美。……

屈原的死，彰顯了一種在濁世中獨清的可能性，儘管在物質的緯度上他消亡了，然而在精神和時間的經度上，這種可能性成了確鑿的界碑。換句話說，如果屈原沒有死，他的理想即使實現了，我們會聽到那震撼人心的迴響嗎？從這個角度來看，他幾十年的生命宛如一瞬，而他那生命的喪失卻成了永恆。屈原的死，並不是給理想和生命關係寫上人人適用的注腳，他不斷傳承的是一種堅持的可能性，一種我們也能擁有的高貴精神特質。

這位同學邊閱讀邊思考邊寫作，在加深閱讀理解的同時，也提升了思想認識，發出了「他不斷傳承的是一種堅持的可能性，一種我們也能擁有的高貴精神特質」這種獨到的聲音。

【示例2】學習了杜甫的《春夜喜雨》，結合二〇〇七年北京高考作文題，就可以思考並感悟「好雨的品格」，請看下列：

★春天萬物復蘇，正當天乾物燥時，好雨如期而至，輕柔地、默默地滋潤著萬物。雨是守本分的，它清楚自己的職責，對於一切事物，它都是悄無聲息地給予滋潤。雨的降落，便可視為它生命的完結，然而它以這種無私奉獻、默默付出延續了對他人他物的尊重和大愛，更延續了自己的生命。

作者筆下的好雨正如生活中的好人，他們守本分，無私奉獻，心中有愛。

他們的內心是澄澈的，排斥著一切惡俗的污染。這樣，一顆小小的心便裝下了一個大大的世界，這個世界也會隨著心兒越發廣闊，這正如「細雨濕衣看不見，閒花落地聽無聲」，讓人們不僅感受到那和風細雨，也感受到了詩人淡泊的心境。好雨的沖淡平和，是我們每一個人都需要的。我想，如若古時的邊塞也下這樣一場好雨，會不會可以停止那無盡的廝殺。人們的心也寬闊起來，山就不會那麼高遠荒涼，甚至，春風可度玉門關！

從「好雨」到「好人」，從課本到高考，徜徉在讀寫間，就可以自由馳騁。

同樣的道理，學習了課本中的外國詩歌之後，可以對西方現代人文主義思想作一個梳理和回歸，從莎士比亞到普希金、從波德賴爾到惠特曼等一批詩壇上光彩萬丈的詩人們，他們和他們的詩歌凝聚了許多豐富可貴的情感和思想，至今啟迪著我們的智慧，蕩滌著我們的心靈，在反覆吟詠中昇華著思想，沉澱著情感，萌生著智慧。一首首詩歌，豐富大家情感世界的同時，也提升我們的思想和文化境界。

學會取捨，選擇一個角度或方面，透過詩歌審視歷史，進而關注現實，「需要產生價值和意義」，這既是功利的應試訓練，也是終身受益的人文薰陶。

例如，我們可以先確立一個單元主題詞「愛」，然後：

★愛的內涵（愛什麼）：自己、情人、朋友、自然、事業、生命等；

★愛的思索：……

★如何愛——堅守，愛與被愛在靈魂上同等高貴，愛不僅是一種情感與本能，更是一種信仰，一種力量，一種可以戰勝一切的動力，「愛是當生命一無所有時生活下去的唯一的理由」，愛讓我們變得崇高而偉

大……

最後，感悟提升，完成命題作文：《以愛的名義…………》。

同學們在橫線處可以填寫「征服」、「包容」、「堅守」、「行走」、「傾聽」、「收藏」等。

時代在發展，經典只有在人們的傳承和發展中得以永恆，思想和美德也只有在現實中熠熠生輝，例如，在當今如何正確看待自己與他人，再拓展——

閱讀下面的一段文字，以「你也有自己的天空和色彩」為題，寫一篇不少於八百字的文章。

生於世上，在宇宙間，你不比別人多，也不比別人少，同頂炎炎烈日，共沐皎皎月輝，心智不缺，心力不乏，只要你勇於展示自己的才華、個性和風采，那麼，你就沒有必要去仰視別人。

你就是一道風景。

風景，需要發現，需要眼光與智慧，相信大家能在我們看似平凡的課本中發現寫作的廣闊天地，你的作文就是一道別樣的風景！

二、精讀美文，融會貫通

古今中外一篇篇文質兼美的散文，毫不誇張地說，是我們寫作取之不盡的源泉。我們要善於發現人性中一切美好的品德，如真、善、美，用一種「尊重生命，敬畏自然」的態度來作文，站在國家民族、人類發展的高度審視生命和人生，在作文中增強時代感、責任感、哲學感和人生感，用追求真理、科學、良知的眼光看待歷史和現實問題。凡此種種，想辦法讓自己的作文哪怕能具備其中的一點，也能使文章脫穎而出。「人生識字糊塗始」，不知不覺筆間就會流淌著美文的「基因」，漸漸對寫作就會有一種期待，我想寫作「優品作文」多半就成功了，因為

「熱愛是最好的老師」。

【示例 3】讀過《永遠的唐詩宋詞》後，再結合課本中的唐詩宋詞，不僅能增加對唐詩宋詞的興趣和更深的認識，同時還可以寫出「我心中的唐詩宋詞」。

再如，讀過《文章千古事》後，可以不拘於原文，並結合課文中古代文學家們的作品，以《文章千古事》為題寫一篇文章，你也就寫出了自己的獨到見解：

★語言是現實的編碼，詞句將這些音符譜成美妙的樂曲，而文章就是用這些珠璣修建的廣廈。抽離了現實的養分和作者的真情，文章便凋亡成無色無香的乾花。文人寫出文章，大都是通過這種無聲但長久的方式呼喊出：「我（們）在這裡！」能夠承載永恆的只有傳承。傳承自然有很多方式，而能做到既精妙又宏大的只有全面的文字。但又不是所有的文章都能夠流傳下去，只有能真正動人心弦的文章才能乘上跨越時空的列車。這些「大我」中自然有像屈原、司馬遷似的民族脊樑，深明大義。但也許更能令後人感同身受的是那些平凡幽微又堅韌的「小我」。前者替我們撐起了一片天，使我們得以在時空的混沌中認清自己的座標，而後者讓我們明瞭如何在自己的時代周邊小小的範圍裡生活，因為一個人的生命裡本沒有那麼多的歷史性時刻。平凡人的平凡，責任其實不平凡。記載傳承這一切的便是文章。文章有千古事、千古情。寫文章的人生命已逝，但精神永存。讀文章的人時間有限，但記憶無限。在文章中有古人的千古，也有我們的千古。

讀著上面的文字，能感受到同學們內心湧動的激情與哲思，他們對歷史與現實、古人與今人、現實與理想作了一次從個別到一般、由特殊到普遍的哲學歸納，完成了一次情與理的飛躍，這是很有效果的。

三、探索模仿與創新的道路

這是讀寫結合的有效途徑，作文之路雖漫長，但並非只有一條，模仿是作文能力提高的重要途徑。思維有一個由具體到抽象、由低級到高級的發展過程，往往都是需要借助別人的一些方法和技巧來思考問題，表達自己的思想認識。葉聖陶先生說過：「作文要像樣。」所謂的「像樣」，就是模仿。

模仿是創新的起點，而創新是模仿的發展方向。古人說：「淺者偷其字，中者偷其意，高者偷其氣。」古今中外從模仿到創新的例子很多。屈原在《九歌》中有「嫋嫋兮秋風，洞庭波兮木葉下」的動人詩句，謝莊在《月賦》中將屈原的名句化為「洞庭始波，木葉微脫」，同樣深情感人。再如，李白模仿漢樂府《長歌行》中的「百川東到海，何時復西歸」，創作了「君不見黃河之水天上來，奔流到海不復回」，一樣流傳千古，這其中關鍵要「取其精華，去其糟粕」。下面這幾段就是在訓練自己的思維了，打開思路，開闊視野，話題就可以紛至杳來。

【示例4】請根據「遺憾是一種境界，苦難是一種境界，孤獨、超脫、靜守、陶醉……也都是境界」的啟示，寫一段「——也是一種境界」的感悟性文字。

★平凡也是一種境界

雄心壯志無可非議，但無所欲無所求，平凡地生活也是一種境界。偉大的極致的表現便是平凡。再華美的包裝都配不上那顆偉大的心靈，只有平凡的外表才能襯托出思想的高貴。平凡，是心如止水，是一種內斂而博大的人生境界。

★淡然也是一種境界

淡然也是一種境界。不以物喜，不以己悲。任憑風雨肆虐，任憑功

利誘惑，

都只淡然一笑，一如既往地過著平凡寧靜的生活。既不被痛苦困擾，也不為鮮花迷失，只是任由心靈翱翔於廣闊的天空。淡然，還你以自由的靈魂。

★拒絕也是一種境界

一個不懂拒絕的人是沒有長大的人。拒絕能體現出一個人的人生境界之高低。如果只是一味地俯就妥協而不懂拒絕，一個人的尊嚴何在，品位何在？若沒了尊嚴和品位，再忙碌的人生也毫無境界可談。所以，拒絕也是一種境界。

「平凡」這個話題詞思維是順向的，比較普遍；而「淡然」、「拒絕」就有了些許的逆向味道，寫出了新意。

【示例5】讀〈石縫間的生命〉，然後感悟關於「生命」的哲學思考：

★生命是渺小的。一粒不起眼的草籽，一束蒲公英纖細的頭髮，渺小得甚至要由風和流水來決定自己的歸宿。生命是順從的。即使被安排到了陽光照不到、雨水夠不著的石縫這樣的絕境，它也默默地接受命運的安排。生命的力量是無可估量的。我們看不到，那細小的鬚根是怎樣費盡力氣探到可供利用的水源，它怎樣貪婪地吸收營養，為著生存——這一所有生命的最高信仰。我們只看到，終於有一天，在一條石縫間，探出了一根莖，上面懸掛著有著蒼白掩不住生機的小葉。那破繭而出、羽化成蝶的生命的壯美，只有真正拼搏過，掙扎過，為最微弱的生存的機會鬥爭過的生命才會明白。

明白了「石縫間的頑強生命是生物學和哲學的統一」，對於古今中外很多命途多舛的頑強生命就可以找到他們的共同品格，作文中使用這類材料時也就能做到高屋建瓴，而不再「只見樹木不見森林」了，發現閱讀中的寫作因素，定會提升我們作文的品質。

中學階段是思維習慣、寫作能力形成的黃金時期，「腹有詩書氣自

華」，閱讀和寫作能讓我們「文質彬彬，然後君子」，達到寫作與修養雙贏的境界。「問渠那得清如許，為有源頭活水來。」強化作文訓練必須以強化閱讀積累為前提，「汝果欲學詩，工夫在詩外」。這樣我們就可以「向來枉費推移力，此日中流自在行」。閱讀能讓寫作如虎添翼，豁然開朗，美不勝收，樂在其中，這是不二法門。

【題目呈現】請以「原來這裡是天堂」為題，寫一篇作文，不少於八百字，立意自定，角度自選。

【解題簡析】這是個看似簡單的命題作文，題目中蘊含著豐富的信息和寫作角度，主要有以下幾點：

★這裡：指哪裡，可實可虛，可大可小，可以是現實，也可以是虛擬，還可以是自己熟悉的某一領域或方面，沒有限定；

★天堂：內涵和外延需明確界定，「這裡」不同，「天堂」的內涵就可以不一，但與「這裡」有著內在的聯繫；

★原來：要寫出有一個變化過程，從不是天堂到變成天堂，需要過程、原因及某種內在或外在的條件。

下面這些文章，可以說就上面幾點做到了篇篇不同，篇篇精彩，值得一讀。

原來這裡是天堂

周旭

北京八中二〇一二屆，現就讀於中國農業大學。
文字於我而言，絕不是應付考試的工具，而是自己成長道路的見證者。
先敬畏文字，再駕馭文字，用它雕琢時光，待到年華老去再來品讀，
才會別有一番風味。生活之美不過嘗世間百味，品甘醇抑或澀苦，
將往事點滴皆著墨，回首笑談中，拂去衣上紅塵土。

土地平曠，屋舍儼然，有良田美池桑竹之屬。

男女衣著，悉如外人，黃髮垂髫並怡然自樂。

這是陶淵明筆下的桃花源，也是無數經歷宦海沉浮的文人士子幻想中的人間天堂。

只有失落與現實的人，才會勾勒出那本不存在的幻境，而且是永遠無法企及的幻境，西方人在受難中嚮往耶和華的世界，東方人苦修以求達到佛之極樂。彷彿活著只能負罪，死後才可飛升。

其實，當我們以一顆平常心入世，便會發現世間處處皆如桃花源。天堂本不必令人踏破鐵鞋去尋覓，將一顆積滿塵埃的心放下，回首向來蕭瑟處，原來自己身處之地已是天堂。

多少人背起行囊去西貢尋找愛情。男人渴望在樹影斑駁的小道上邂逅一個如精靈般敢愛敢恨的女子。女人希求在湄公河畔偶遇那舉止優雅的成熟紳士，展開一段纏綿悱惻的愛情傳奇。然而現實是骨感的，一切豐滿的幻想終被人心粉碎，淪為一場場聲色遊戲，一部電影讓西貢成為愛情天堂，卻又因動機不純的「朝聖」者淪為愛情墳墓。其實，當人們平息了渴望轟轟烈烈的欲念，吃著愛人準備的飯菜，聽著她不厭其煩的叮嚀；走在馬路內側的他為你擋去危險的地方，有一顆少欲念而多感恩的心去體味幸福，你便感受到，原

來這裡是天堂。

沒有人因為尋找天堂而邂逅天堂。

西藏的僧侶常常感歎，為什麼在藏地純淨的空氣裡，來尋找快樂的人依然不快樂，依然得不到解脫。因為他們的身體被淨化著，心卻遺落在了濁世。天堂因善念而生，依心靈而造。如果沒有安靜的靈魂，縱然已身處桃源仙境、西藏聖土，也感受不到幸福。

一念放下，萬般自在。幸我之所在，惜我之所得。對這世間多一分慈悲，少一分索取；多一分滿足，少一分貪欲；多一分信任，少一分懷疑。

只一念之間，我們便能發覺天堂就在腳下。

的確，當今社會有無數問題亟待解決。人們行色匆匆，眉頭緊鎖，喋喋不休地抱怨。人們開始嚮往牡丹亭的浪漫，嚮往竹林七賢的隱逸，嚮往漢唐的大氣軒昂。人們批判當代的拜金主義，批判人心惟危，批判外交的畏首畏尾。腳下的路分明是平的，人們卻拼了命地向上爬，活著只剩下輸贏，有人甘心落後於別人嗎？

我固然無法阻止時代的飛速前行，更無力讓所有人放下執念，享受無欲的生命。

社會需要批判精神，人類的發展也需要人的欲望去推動，任何人都不能否認現實，抑或他人的生存觀念。

我只想說，當你累了，以為現實的美好意境幻滅，開始嚮往桃花源的寧靜與純潔。不必將自己放逐到高原林海，只需將心靈沉潛，便會欣然發現，原來這裡是天堂。

（高三作文）

這是一篇充滿禪意深思的「優品佳作」，讀罷掩卷深思，有情與理的交鋒，也有文與彩的碰撞。以〈桃花源記〉開頭，勾勒

了一個人們心中美好得幾乎不存在的「天堂」，其目的在於後面筆鋒一轉「當我們以一顆平常心入世，便會發現世間處處皆如桃花源」，從西貢到西藏，「沒有人因為尋找天堂而邂逅天堂」，於是再次印證「只一念之間，我們便能發覺天堂就在腳下」。作者不希望我們「喋喋不休地抱怨」，因為那樣永遠找不到天堂。本文才情飽滿，哲思敏銳，語言典麗，信手拈來，充滿著哲學的大氣和灑脫，實為難得。

王素敏

原來這裡是天堂

祁盈

北京八中二〇一二屆，現就讀於清華大學。

平時喜歡看小說、畫畫、下圍棋。性格很單純，很容易感到快樂。

現在學建築，願望是做一個能帶給人驚喜的室內設計師。

在人們眼中，天堂是最美麗無瑕而又充滿深意的象徵。眼前的「這裡」是殘缺而又平凡的塵世，遙遠的「那裡」才稱得上是天堂。

然而理想中天堂般的完美與深刻是可遇不可求的，殘缺與平凡才是生活中的常態。那麼，天堂是不可企及的嗎？

並非如此，決定你是否處在天堂的，並非事物本身，而是你看待事物的心態和為之付出的感情。在殘缺中發現美好，向平凡中注入深情，你就會發現，原來這裡是天堂——原來我們生活的塵世是這般美麗而富有深意。

沒有哪一個時代、哪一個社會是完美的，但殘缺的意義在於，它讓人懂得珍惜其中美好的一面，對那些不夠完善的方面留有想像和創造的空間。它沒有像提供樣本似的告訴人們：「你看，這樣的社會就是天堂了。」而是以其美好與醜惡並有的有血有肉的真實給每個人以嚮往天堂的權利。

這也是為何在張曉風的劇本中，那個武陵人要選擇走出桃花源。他說：「武陵不是天國，但在這裡我可以思考天國，而桃源剝奪了我思考天國的能力。」的確，殘缺的塵世讓人們可以思考天堂，而當你不再抱怨塵世的種種不完美，讓自己的心沉靜下來，發現美、珍惜美、創造美的時候，也許就會發現，一顆顆這樣美好的

心，讓殘缺的塵世顯出天堂無法比擬的鮮活之美——原來這裡就有天堂的美麗。

同樣的，平凡才是生活的本真狀態，但它是否有深意要看你是否願意向其中注入深情。如果你總想著天邊的景致才最富有深意，自然也就忽視了身邊深刻卻又平凡的點滴，無法讀出其中的深情。萬物在你眼中的樣子，不過就是你內心感情的一面鏡子。

內心冷淡漠然，眼中的世界自然平淡無奇，縱使真有天堂般富有深意的景致，映入心底也會了無生機。何不像梵古那樣對平凡的塵世投入深厚熾熱的感情呢？因為注入了深情，人們司空見慣的太陽在他眼中便好像在高速旋轉，樸實無華的麥粒在他筆下便有著成熟前拼命汲取養分的飽滿姿態。只要你對那些平凡的景致投入深情，它們便會與你呼應，展現其平凡中的深刻——原來這裡就有天堂的深意。

正像林清玄所說：「心無一切皆無，情深萬象皆深。」當莫札特淡漠了塵世經受的苦難，用寧靜歡快的音符走向未來的音樂，這裡便成了他的天堂；當莫 透過簡陋無奇的港口捕捉到光影的變化，定格日出的美景，這裡便成了他的天堂……

塵世的確殘缺而平凡，但當你在殘缺中尋找美好，在平凡中注入深情，就會發現原來塵世就有著天堂的美麗與深意，而你也會輕歎：「原來這裡是天堂。」（高三作文）

這篇文章很有思想，開篇道出了人們對待天堂的心理，讓人折服。第二段進一步追問「天堂是不可企及的嗎」，緊跟著第三段回答說「並非如此，決定你是否處在天堂的，並非事物本身，而是你看待事物的心態和為之付出的感情」，然後以此和「如何看待殘缺與平凡的態度」貫穿全文，論述天堂原來在我

們自己的眼中、心中。材料豐富翔實，又有思想見地，是本文的一大特點，「殘缺的意義在於，它讓人懂得珍惜其中美好的一面」「萬物在你眼中的樣子，不過就是你內心感情的一面鏡子」等觀點耐人尋味，而張曉風的劇本和梵古的太陽以及莫札特的音樂都曾經是他們的天堂，進而給我們以啟迪和思考。

王素敏

原來這裡是天堂

武凡

北京八中二○一二屆，現就讀於首都師範大學。

當年小軒窗裡，玉蘭樹下，老師不止一次地教導我寫作文當「帶著枷鎖跳舞」；
而今學著地理，過著在山水間翩然起舞的日子，卻一次次地想念當年咬著筆頭思考
怎樣將腦海中跳躍的奇思妙想裝在「命題」的容器裡的模樣。

尋夢人在路上。

他背著行囊，歷盡星霜，踏遍山河想尋找他的天堂。

路過和風細雨繁花路，他嫌沒有動魄驚心的旋律激昂；踏過水深火熱荒涼谷，他嫌沒有鳥語花香的寧謐芬芳。他總堅信會有一個完美的地方，有急雨風雷之鏗鏘，亦有鶯飛草長之清揚，他總堅信那才是他的天堂，最完美的天堂。

卻不知懷著這樣的心思，他已注定尋不到天堂。

沒有完美的風景，亦沒有完美的生命，卻正是因為生命徑跡的單一性而有了其劍走偏鋒的獨特之美。蘇杭有君岑清婉蓮曲悠揚，卻未免少了劍氣凝霜英姿狂放；戈壁有朔風砭骨鳴沙曠遠，卻未免少了春花秋月靜謐清恬。

可這絲毫不妨礙觀者由衷地讚它們為「人間天堂」。

而又有多少人，被一個追索完美的執念困在那條沒有盡頭的追夢之路上？

這條路當然不會有盡頭，只因沒有人可以做到天衣無縫的完美。《聖經·舊約》中神讓他的信徒殺死自己的骨肉以儆忠，這何嘗不是完美無瑕的神道背後的殘忍？神猶如此，人又如何敢奢求？

若無完美，天堂又在何處？

佛說「一花一世界」，天堂便是那驀然闖入眼簾的分明剔透的嫩蕊，天堂便是那浸潤心脾的一抹淡香，天堂便是滾滾紅塵中那一株懂你的、你懂的花樹。

無所謂山茫海闊，更無所謂浩瀚星河，其實天堂就是人生路上某一個時刻的一種感悟，停下腳步聆聽錯過的鳥語蟲鳴，讓曾經路過的風景恣意綻放在你的心靈，你會聽到生命在歌唱，從每一個看似平凡的角落流淌出的富於詩意的樂章，你會恍然明白——原來這裡是天堂。

有那麼一個人叫花滿樓，他是天生的盲人，可他用微笑面對世界，他坐在小樓上看日落，感受晚風吹動的殘霞的溫度，一如他聆聽雪片打在屋簷上的輕響，嗅晨風中含露的木葉的香。誠然，花滿樓的生命只在古龍的文字裡鮮活，可這不妨礙他的生命輻射出永恆的光與熱，不妨礙他成為整部《陸小鳳傳奇》中最溫暖的天堂。

還有那麼一對兒兄弟，花無缺和江小魚，花無缺人如其名，完美無缺，江小魚卻頑劣不堪；然而卻正是因為這份優雅的完美，讓花無缺成為了一個紙人。

在同一個故事裡面對著同樣的人，江小魚愛過恨過，哭過痛過，而花無缺卻只有翩然微笑著。

這般無缺，就真的是天堂了嗎？

恍若天堂，卻離天堂太遠了。

那是遙遠的天際可望而不可即的虹光，聖潔無瑕，卻永遠不是你的，近在咫尺的觸感也只有虛無。

身邊才有天堂，只有身邊有天堂，這不是殘缺美，生活只會因心靈的殘缺而殘缺，天堂就是觸手可及的真實，是心靈，是承載著人間百味、你要用力去過的生活。

尋夢人依舊在路上。

行色匆匆間，他錯過了近在咫尺的天堂。

他不知道，原來這裡是天堂。

（高三作文）

讀罷此文，掩卷沉思，感慨於這位才女，能用詩一樣的語言表達耐人尋味的哲理，而且思路又那麼條理清晰。行雲流水的酣暢讀來有詩一樣的韻腳。而「沒有完美的風景，亦沒有完美的生命，卻正是因為生命徑跡的單一性而有了其劍走偏鋒的獨特之美」、「天堂就是人生路上某一個時刻的一種感悟」、「天堂就是觸手可及的真實，是心靈，是承載著人間百味、你要用力去過的生活」等這些俯拾即是的智慧與情懷撞擊著讀者的心，而《聖經·舊約》、《陸小鳳傳奇》這些材料開闔自如，「尋夢人」是你也是我們每一個人，這樣的構思耐人尋味，是難得的「優品佳作」。

王素敏

原來這裡是天堂

朱漢林

北京八中二〇一二屆，現就讀於香港科技大學。
一個做事認真、不苟且、不懈怠的充滿正能量的男生，
對知識永遠充滿著不知疲倦的欲望，堅信學習能帶來快樂，
學習能讓生命更有質感。

這裡就是天堂，這裡，就是杭州西湖。

「山外青山樓外樓，西湖歌舞幾時休。暖風薰得遊人醉，直把杭州作汴州。」對於尋歡作樂、終日歌舞昇平的宋朝統治者來說，如此風景如畫的杭州西湖，就是天堂般的極樂世界。

然而，統治者窮奢極欲之時卻把百姓的生活不放在眼裡，只顧自己享樂，也不問民間疾苦。對老百姓來說，杭州西湖就是那個把他們的辛勤勞動所得，「取之盡錙銖、用之如泥沙」的人間地獄。如果只是像統治者那樣攫取人民勞動創造的美，揮霍西湖天然的美，其腳下的土地永遠不會是真正的天堂，而是地獄。

真正的美並不來自對美的享用，而是對自然美的創造，讓更多的人分享美的地方。而杭州西湖，除去被奢靡的統治者誤讀部分外，真是個不折不扣的天堂。

「接天蓮葉無窮碧，映日荷花別樣紅。」、「幾處早鶯爭暖樹，誰家新燕啄春泥。」楊萬里、白居易在領略西湖那濃妝淡抹總相宜的美景之時，能用奇絕或樸素的詩句來記錄自己對西湖美的感受，從而讓自己的詩流傳千古，給沒來過西湖的後人們帶來美的享受，並為西湖之美增添一抹人文色彩。在這裡，他們發現美並再創美，這樣的地方，這樣引人向美的地方，不愧為天堂。

「詩言志」，如果說西湖美景讓白居易、楊萬里這樣的詩人心動，離真正的天堂卻也還差幾分。同樣是心動，那個吟唱著「水光瀲灩晴方好，山色空濛雨亦奇」的蘇子，不僅為西湖美景所動容，更能燃起心中熄滅已久的政治理想，並落實到行動上，修繕了西湖的白堤，並為西湖周邊的百姓帶去幸福，為今天的我們作出貢獻，不僅自己創造美，更把美留在人間，其人生境界自然高了一層。蘇軾不僅來到了天堂般的西湖，更讓西湖因為自己曾經駐留而更像天堂。

一方水土養一方人，同樣是生活在西湖周邊的杭州圖書館館長褚樹青，因其擲地有聲的一句「我無權拒絕他們入館讀書，但您有權利選擇離開」，為社會底層的人民維護了權益，也體現出其對乞丐這樣的弱勢群體的尊重。他讓社會中的每一個人都平等地享有接觸書籍中的美的權利，為乞丐推開一扇通向知識天堂的門，這樣一個讓全體公民都有欣賞美的權利的地方，怎能不是天堂！

上有天堂，下有蘇杭。正是有了這樣一群發現美、創造美，通過自身實踐讓美錦上添花、讓更多的人平等地享受美，而不是自己揮霍美、攫取美的人們，讓杭州，讓西湖，成了名副其實的人間天堂。

原來這裡就是天堂；也祝願更多的地方成為杭州西湖那樣的天堂。

（高三作文）

本文選取一個城市——杭州，從歷史說到現實，從統治者說到百姓，從自然美說到人文美。內容豐富，層次分明。其中很多關於杭州西湖的詩詞起到了連接材料和觀點的作用。從發現美到享受美更到創造美。從白居易、楊萬里到蘇軾，更到杭州圖

書館館長，他們都是西湖成為天堂的理由和元素，最後總結全文，結構完整，語言簡明流暢。

王素敏

原來這裡是天堂

相冬

北京八中二〇一二屆，現就讀於中央財經大學。

愛聽音樂，愛看書，喜歡摺紙；還愛旅遊，熱愛金融學和心理學。

一手漂亮挺拔的字，曾讓很多人羨慕，也為自己增添了很多信心。

　　天堂是什麼？天堂是每個人心底的樂土，是每個人心中理想的「桃花源」。

　　「這裡」指什麼？是當下的那個時間點，是你現實生活的地方。

　　絕大多數人踐行著這樣一句話：人生是尋找天堂的路，天堂好像總在下一站，當我們努力逃離現在的一段日子，奔向本以為是天堂的將來時，又發現天堂的不美好，繼續逃離，繼續追尋，耗盡我們的一生。

　　所以，我們只能換一種人生觀：原來這裡是天堂。這不是盲目的樂觀，對現實的黑暗視而不見，謳歌一些生活中的細小事物，是不能打造天堂的。「發現美的眼睛」太過理想化，看到事物不美好的一面，是人的天性。

　　我們要做的，是用自己心靈的力量，將我們生活的地方進行「裝修」，這時我們才能恍然大悟：原來這裡是天堂。一個人可以有自己的抑鬱、不滿，可以有自己的心酸、痛楚，但只要能用心靈自我療傷，不永遠陷於自我的消極天地裡，就離天堂更近了一步。

　　歷史上有名的詩人頗多，而發現原來自己生活在天堂中的卻是少之又少，但凡發現的，是更為偉大的，比如蘇軾。蘇軾經歷過「烏臺詩案」的痛苦，體驗過一貶再貶的心酸，但他沒有李白的自

負與抱怨，沒有杜甫的沉鬱頓挫，沒有陶淵明對現實的一味逃避，沒有柳宗元的鬱鬱而終。

他有的，是一切事物皆可釋然的超脫，超脫以後就能實現原來這裡是天堂的信念。蘇軾也看到將來時間的不美好，也有「酒醒卻咨嗟」的時刻，但他明白「休對故人思故國，且將新火試新茶，詩酒趁年華」。不要總陷於「故」，而要沉浸於「新」，以此來自我安慰，自我解脫，抒發珍惜年華、超然物外、借詩酒自娛以擺脫苦悶之情。蘇軾詩文的意義不是釋然的結果，而是盡自己最大的努力去釋然的過程，盡力讓自己生活在天堂中的心態。

每個人都有自己的辛酸史，我們要做的，既不是等待痛楚過去，也不是遮罩掉不美好的一切，而應是像蘇軾那樣，盡力化解辛酸，才會發現：原來這裡是天堂，原來我們生活的每個時刻，每個地點都是天堂。

珍惜當下，勇敢面對，才能鑄就天堂。我們在學生時代因學習的壓力盼望過那輕鬆的大學生活，作為大學生渴望上班族掙錢的那份自由，上班時希望收穫退休的自在，在老年又能等待什麼呢？我們在盼望中衰老了，消逝了。若是能珍惜作為學生時的專注與單純，收穫工作時的熱情與奮鬥，留住老年時的睿智、通達與自由，我們會發現，其實我們，就生活在天堂裡。

（高三作文）

這是一篇很有理性思考的文章。第一段中的兩個疑問，將文章引向深入；第二段又簡明準確地概括出我們每個人的生存狀況，然後指出「我們只能換一種人生觀：原來這裡是天堂」，「只要能用心靈自我療傷，不永遠陷於自我的消極天地裡，就離天堂更近了一步」。這種觀點不悲觀、不盲目，很成熟，因

而很有實際意義。蘇軾的例子運用得淋漓盡致，最後得出「珍惜當下，勇敢面對，才能鑄就天堂」這樣富於啟發性的結論，思路清晰嚴謹。

王素敏

原來這裡是天堂

諸葛弘亮

北京八中二〇一二屆，現就讀於北京航空航太大學。
外在上自認為還是比較開朗、樂觀和自信的，喜愛讀書；
內在方面覺得自己還算是個理性一點的人，還比較有條理，遇到事情喜歡分析。
我認為獨立思考十分重要，它直接決定了你思維的高度。
希望成為一個有獨立見解、能為自己的生活做選擇的人。

天堂是宗教中信徒追求的極樂世界，是神聖美好之地的象徵。人類所孜孜不倦地追求的無非是接近天堂一般的美好境界，但當我們在外界追尋得筋疲力盡、感到迷惘而無所適從之時，是否意識到，原來家園是我們的天堂呢？

我們在這個世界上忙碌終日而追求的，比如功成名就，歸根結底是一種對自身價值的認同感和歸屬感。然而，我們或許忘記了這種認同感與歸屬感的源頭，正是我們的家園。當我們遇到挫折時父母貼心的關懷與安慰，當我們取得成就時親人贊許和仰慕的目光，不都是這種認同感和歸屬感的體現嗎？這些真摯而樸實的情感與陌生人的敬仰和逢迎相比，難道不更令我們從心底油然而生出許多的感動嗎？所以說，原來家是我們的天堂。

家是我們平常最易忽視的，因為它太平凡，每日都能見到。但當我們離開家時，便體會到無論何處都比不上家的溫暖舒適。「露從今夜白，月是故鄉明」，杜甫尚且對家鄉的明月充滿牽掛，更何況千百年來那些漂泊異鄉的遊子們！當他們其中的幸運者老來終得以回到家鄉時，早已「鄉音無改鬢毛衰」。這時的遊子們，早已忘記了自己曾經的榮辱得失，而是陶醉於回家的喜悅中。他們或許曾為功名離開家鄉，但當他們在外面走完大半個人生的輪迴之後，才

明白，原來家才是天堂。

　　的確，回家的喜悅可以沖淡人生際遇帶來的榮辱，而回家的渴望更讓每一個中國人為之不惜一切。每年的春運大軍雖然忙碌、擁擠，但那裏挾於其中的每一個人正因為心中滿載著歸家的期盼，所以他們無視眼前的困難。那種對家的嚮往正如同對天堂的渴望一樣真切，容不得半點耽擱和質疑。對於每一個中國人，家就是我們的天堂。

　　我們中華民族是一個把自己的家背在肩上的民族，無論我們走到哪裡，無論我們身處何方，我們都帶有我們的精神家園帶給我們的深深烙印。「舉頭望明月，低頭思故鄉」，這是每個中國人都能吟誦的詩句。我們或許已遠離自己的家園和故鄉，我們所嚮往的天堂或許已與我們的家鄉無半點關係，但既然我們都在中華文化的薰陶下長大，我們都從中華民族的精神家園中汲取過養分，那麼，我們就不能否認這個精神家園是我們應該背負和嚮往的，「低頭思故鄉」成了我們每個炎黃子孫永久的情感符號，這個「家園」也成了我們的天堂。

　　我們生活在這樣一個紛繁複雜的現代社會中，各種物質欲望和快節奏的生活讓我們對自己的家感到麻木和局促，但家給我們的認同感與歸屬感、家對在外漂泊的我們的呼喚、民族的精神家園對我們影響是無可替代的。家對我們的呼喚正如天堂對人的召喚一樣動人心魄，那麼，行至何處都請不要忘記：

　　原來家是我們的天堂。

　　（高三作文）

　　「家園是天堂」，這是作者開門見山的觀點，然後就該思考如何行文。本文作者是長於說理的，先分析我們終日忙碌追求的

「歸根結底是一種對自身價值的認同感和歸屬感」，這是很有
見地的。而家恰恰能給我們這種歸屬感和認同感，無論是古時
杜甫的詩句還是今日的春運大軍，都可看出人們一直不停地走
在向「家園」這個天堂朝聖的路上，而「我們中華民族是一個
把自己的家背在肩上的民族」一句，昇華了本文的主旨，後半
部分就將這種家園情懷歸結為一種民族的文化內涵，行文極有
層次。

王素敏

原來這裡是天堂

魏聞達

北京八中二〇一二屆，現就讀於美國伊利諾理工大學。
我清楚地記得高中時王老師曾給過我的作文「文如其人」的評價，
而我更願將這四個字調換順序，人如其文，古卷青燈下尋覓理想，
是我用一生追求的目標。

曾讀到過這樣一則寓言：在地獄裡，人們進餐時必須用很長很長的勺子，想要用這樣的餐具將食物送進自己的嘴裡非常困難，餐桌上的佳餚可望而不可即，成了一種煎熬。然而在天堂，人們也用同一種勺子，但區別是這裡的人們選擇用勺子將食物送進對方的口中，因此，每個人都能享受到美味。

當我們在為自己的出路奔走忙碌時，受到別人雪中送炭的幫助，我們也一定會感慨：原來這裡是天堂。

然而，僅有感慨是不夠的，我們必須清楚感慨是由何而生。我想天堂之所以是天堂，是因為其中的人們愛他人不少於愛自己，為他人而活著的時候不少於為自己活著的時候。若人間的這裡也能如此，那麼，這裡也就是天堂。

這樣看來，如今在社會各組織各階層流行的實用主義顯然與「天堂」二字相去甚遠。庸俗的實用主義腐蝕每個人做人的良知與理想，將人們有形無形地市儈化，以致社會中優秀分子所夢想、所希望的，也只剩下自己的「遠大前程」，從而在喪失了追求一個美麗而偉大的道德原則的勇氣時，天堂也只能存在於九霄雲外了。

錢理群教授說北大如今正在培養一群「精緻」的利己主義者，所指的也許正是這一點。當公車上有座位的人們轉頭避開老人與孕

婦，當書店中的讀者抗議乞丐的進入，當老人摔倒甚至無人攙扶，幼童被汽車碾壓而路人視而不見的時候，天堂似乎徹底地拋棄了我們。

然而，當我們聽說張麗莉捨己救學生、吳菊萍接住墜落的嬰兒時，天堂的溫暖又重新回到人間。當我們在電視報紙上關注她們的傷情，在心底祝福她們的時候，天堂的光輝重新籠罩了我們的心。我們不禁又一次感歎：原來這裡是天堂。

利己主義與實用主義不屬於天堂，避世高蹈的故鄉和與世隔絕的桃花源也不是天堂的範本。天堂是大愛彙聚的地方，天堂裡對他人的愛多於自愛，為他人的付出多於為自己的奔忙。天堂的確遙遠，但並非可望而不可即。這裡永遠是人間，但這裡永遠有可能成為天堂。

「原來這裡是天堂」，我想起遙遠的過去，梵古來到陽光燦爛的阿爾時，心中一定是這樣想的。他愛天堂般的阿爾，但人間的阿爾卻不愛他。然而當阿爾的人們驅逐了患有精神病的他時，他仍未放棄他對天堂的愛，阿爾的太陽永遠在他濃彩厚塗的畫布上的天空中燃燒著。我想，這種愛正是我們需要的，畢竟如今的人間還不是天堂。因此，我們需要梵古式的愛去追尋天堂。這裡還不是天堂，但我們相信這裡會是天堂。

我們相信終有一天，「原來這裡是天堂」不再是一句慨歎，而成為一種現實。

（高三作文）

這是一篇既情感深沉飽滿又不乏清醒的思考和認識的「優品佳作」，文章立足於現實「這裡不是天堂」更嚮往美好的未來，「這裡永遠可能成為天堂」，這樣的「現實與理想」交織，構

成了全文的特點和主線。作者以一個別致的寓言故事深入淺出地說明了地獄和天堂的區別，然後鮮明地提出「天堂之所以是天堂，是因為其中的人們愛他人不少於愛自己，為他人而活著的時候不少於為自己活著的時候」。然而作者不滿足於此，「僅有感慨是不夠的，我們必須清楚感慨是由何而生」，針對現實指出「實用主義和利己主義」永遠不屬於天堂，之後再以梵古的阿爾總結全文。文章有破有立，思維縝密，結構清晰，語言精練成熟，有很強的感染力，引人深思。

王素敏

【題目呈現】對於高二的學生來說，在學習文學家蘇軾的一些詩文後，對他作一次感悟、思考和探究，是十分必要且有意義的，而且也是完全可以做到、做好的。於是一個類似於「專題探究」的開放式的「人物述評」的寫作框架就此形成。

背景詩文：〈蘇東坡突圍〉、〈文赤壁〉、〈前赤壁賦〉、〈念奴嬌〉及蘇軾其它詩文；

專題探究：《讓心靈與蘇東坡相遇》

【解題簡析】我們學習古人、古文，既不是讓自己成為「掉書袋」，也不是為自己「裝點門面」，更不是厚古薄今；而是以歷史觀照現實，以古人觀照自己，發現感悟歷史瞬間的現實意義，來解決生命中、現實世界裡一些讓我們困惑甚至迷惘的哲學問題，進而提升我們的精神品質和人生境界。傳承一種生命文化，這是我們將課本知識整合成我們自己獨到文章的必由之路。

下面這幾篇文章堪稱這方面的「優品佳作」，有些文字會讓我們怦然心動，熱淚盈眶……

感悟蘇東坡

周懌

北京八中二〇〇九屆，現就讀於美國布法羅大學。
人緣甚佳，畢業後仍與許多同學及老師保持密切聯繫。
熱情樂觀，樂於將自己的快樂傳遞給每個需要的人，
曾經的生活委員一直是我永遠的驕傲。

　　林語堂、余秋雨筆下的東坡評傳，都洋溢著個人情感，讀完彷彿可以讓你作出這樣的評價：誰是中國歷史上「最可愛的人」？——蘇東坡。

　　但凡偉人，都有其靈魂可敬的一面讓人崇拜，但常常也只是遠遠的崇拜，弄不好歷史學家還給他下個「一分為二」的定論。蘇東坡卻是可以被當作一個完整的人來愛戴，可敬可近，並且上至皇族下至布衣、從古到今人人都能夠愛戴。罵他的人，經余秋雨考證似乎都比較狹隘奸佞。雖然不能說蘇東坡就是一個完人，但是又有誰能夠為文人而不孤高，無嫉恨；為政治家而無圖謀，一心兼濟天下；文采豪壯而性情寬厚善良，才智過人卻在受人冤屈時手足無措，真是「天真罄露」！身為一個中國古代的男子，能夠對自己三位先後早逝的妻子敬愛有加，與皇后成為摯友。他雖敦厚卻也直言口快，一身正氣；他可以與庸妄官僚為敵，為百姓而抗暴。蘇東坡有著一副簡單的直腸子，自身至心乾乾淨淨；卻也複雜，你見誰身上有如此多的矛盾，且又是些讓你敬得五體投地的矛盾？林語堂先生引用耶穌的話語來評價他，再恰當不過：蟒蛇的智慧，鴿子的溫柔敦厚。如此說來，單從性情上講，蘇東坡真正是完美了。

　　我們今天說的「親和力」，大概用在蘇東坡身上很合適。這樣

的「親和力」用純粹的智力是換不來的；除了他為百姓鞠躬盡瘁地效力，大概也因他的全才與達芬奇有一拼。他生性樂天，釀酒也嗜酒，是個美食家、工程師，書法也自成一派……這是個愛生活且有著濃厚的生活情趣的人。他的詩文又何嘗不是如此呢？亦莊亦諧，發乎內心，酣暢淋漓，讀時總是如沐浴清風，詞彙精妙卻不顯華麗；時而豪情萬丈，時而悽楚哀傷，時而風趣豁達。「文藝」是他的一部分，而非藉以做其它事情的途徑。正如他自己說：「如蠅在食，吐之方快。」支撐蘇東坡以及他的成就的，不只是他的才氣和性情，還有他的人生哲學。

「烏臺詩案」深刻了他的人生，洗禮了他的思想。每個人多少都有自己的人生哲學，蘇東坡的這一套是混合的。他的善心與理想是他以儒家為準繩，但苦難練就的豁達與釋然把他的心又推向了道家；他相信佛家的轉世，卻不相信人生是一個受苦的過程。在他最淒苦無助的時候，他依然說服自己生命是樂觀的，是美好的。彷彿陶淵明的「托體同山阿」，彷彿他自己的「江上之清風，與山間之明月，取之無盡，用之不竭」，「物與我皆無盡也」。他樂意相信人死後化為碧草綠樹、江河星辰，相信消逝帶來永恆。蘇東坡在極端間找到了中庸和平衡，在小小的黃州找到了把幾個小人幾樁冤屈比得看不見了的天地洪宇。如此天地萬物本是一體，好好珍惜享受這不過三萬六千日的形體生命吧……於是在晨曦中躺在小舟裡睡著了。這樣的混合在今天又何嘗不適用呢？入世有度，出世有度，自然是生命的最終歸宿，概括起來，就是豁達兼中庸了吧。

蘇軾集中了中國文人的「好典型」，正直，有才，儒釋道兼通。蘇軾並不因是典型而乏味，這神奇的蘇軾只有一個，即便萬物同源，組成這個生命也只有一次。不過，東坡先生告訴你說，他現在沒準正在你身邊那葉草裡呢……

（高二作文）

這篇文章充滿著對蘇軾的敬愛，這種敬愛源於對蘇軾的了解和由愛而生的深刻獨到的思考，文章頗有些學術的味道，語言又不乏幽默和生動。例如，「每個人多少都有自己的人生哲學，蘇東坡的這一套是混合的」，這是她自己的思考；又說「蘇東坡卻是可以被當作一個完整的人來愛戴，可敬可近」、「他現在沒準正在你身邊那葉草裡呢」，這是她的情趣。先從林語堂、余秋雨等大家的評論說起，再引出自己關於蘇軾是一個「完美的混合體」的思考，筆下的蘇軾正如作者所說是有血有肉的，是更接近於「凡人」的偉人，不知不覺間也讓我們了解了蘇軾的另一面，所以讀這篇文章是有收穫的，是親切而非說教的。要做到這一點就需要與自己所熱愛的人物進行一種生命與生命的對話，用心靈去思考和體悟，你也一樣能寫出親切感人的好文章。

王素敏

沉寂與升騰

張夢雯

北京八中二○○九屆，現就讀於香港中文大學。
人如其名，性格和生活中充滿著詩意和睿智，更能將這在別人看來水火不相容的兩者從容地協調在一起，無論學習、生活還是其它總能有條不紊，才華橫溢又謙遜溫和。曾以高考西城區第一名的成績考入香港中文大學。

沉寂是短暫的停留，為了升騰，它必須超越。

曾經，蘇軾天真地說：「眼前見天下無一個不好人。」然而，時代卻沒有報答這個高貴、天真、純潔的人對它的讚美。幾個「好人」出於嫉妒或是奉承權貴，製造了這個莫須有的文字獄，「烏臺詩案」成為蘇軾一生的轉捩點，實現了沉寂到升騰的轉折。

很久以前，屈原登上汨羅江長長的堤岸，也許正意味著中國燦爛的「謫官文化」的開始。放眼歷史的長河，看那璀璨的中國文學，不得不說，那些被貶的文人墨客，留下了濃重的一筆。屈原被貶，開創了浪漫主義詩歌的源頭；白居易被貶，留下了一曲「幽愁暗恨」的〈琵琶行〉；范仲淹被貶，讓我們聽到了「先天下之憂而憂，後天下之樂而樂」的誓言；蘇軾被貶，醞釀了「大江東去浪淘盡」，渲染開「一蓑煙雨任平生」，孕育著這絕世曠達的傲骨，樂觀從容的人生。

「揀盡寒枝不肯棲。」

在遭遇突如其來的災禍後，有的人放棄了原本的志向與性情，鍛造了一個更合時宜的殼，蜷於其中苟活。蘇學士卻依舊「滿腹不合時宜」。他的堅持與直率注定了他一生仕途的坎坷，他在新舊黨的夾縫中堅守著自己的真理。

人不可能在災禍後毫無改變，更不能因災禍完全改變。何時也不忘初衷和心中的那份美好，任鐵錘猛擊外殼也不泯滅，是傲骨。

「回首向來蕭瑟處。」

逆境中的快樂不是沉淪，而是最深沉的人生境界，最坎坷的人始終唱著最歡快的歌，蘇軾的歌一直飄在「流放地」黃州之上、在歷史的天空中。那一片親自耕耘以糊口的東坡，成了蘇軾的符號。他在黃州寫下〈豬肉頌〉，傳說「頌」的就是自己烹飪的「東坡肉」。蘇轍寫黃州快哉亭，曾說：「士生於世，使其中不自得，將何往而非病？使其中坦然，不以物傷性，將何適而非快？」毋寧說，蘇軾就是後者的典範。

謫仙「人生在世不稱意」，便去「散髮弄扁舟」。黃州的山水，撫平了蘇軾的傷痕，更讓他找到了歸宿。「非吾所有」，「一毫莫取」；而「山間之明月」呢？吸收了它的清輝，越發純淨空靈，無物無我，故而不以物喜不以己悲；如天地間的蜉蝣，朝生暮死，來世「我」卻可與星星同輝。

有人說：「苦難的道路是通向人類真正偉大境界的唯一道路。」我們的先哲先賢們實踐了這條道路。在失去了很多、身心俱疲時，或如屈原，死一個轟轟烈烈；或如蘇軾，「自放於山水之間」，在失意裡尋一個快意的理由，笑得釋然，活一個「也無風雨也無晴」的境界，雖已無我，「我」卻永生。

升騰，讓沉寂從此有了意義。蘇軾的人生和人格，讓我們懂得了蕭瑟處的人生和「不肯棲」的態度，這便是沉寂與升騰的內核。

（高二作文）

本文用了一個比較形象的說法：「沉寂與升騰」，並開篇點題。然後分別闡釋了沉寂與升騰各自的內涵與兩者的關係，即蕭瑟

的際遇與「不肯樓」的態度的關係。此文更多地引用蘇軾其它的詩文加以佐證，可以看出平日的積澱，彰顯出自己的底蘊，是一種很好的做法。在豐富的材料中又能提出「人不可能在災禍後毫無改變，更不能因災禍完全改變」、「最坎坷的人始終唱著最歡快的歌」這樣的見解，有理有據。行文思路流暢而清晰，尤其值得一提的是在提出觀點後，宕開筆去寫屈原，去寫「謫官文化」，這樣就把蘇軾放在了歷史這個很高的起點上，最後首尾呼應，再次明確沉寂與升騰的關係，並將這種關係概括為歷史的必然，值得玩味。

王素敏

孤獨 · 突圍

侯雨桐

北京八中二〇〇九屆，曾就讀於清華大學經濟管理學院。
一個「高三就是要對自己狠一點」的信念，
支撐著他取得了驕人成績，一個有內涵有修養的「紳士」。

生命短暫，就如一朵花；而不同的人生境界就像不同的花。在蕭索中自立，是菊花；凌寒而怒放，是梅花；出淤泥而不染，是蓮花。蘇軾的人生深受儒道佛三家影響，也經歷了菊、梅、蓮三種境界。

菊花——蛻變始於孤獨

盛開在蕭索的秋季，盛開在百花凋零的季節，菊花是那麼的特立獨行。然而，這種個性為它帶來尊敬的同時也勢必帶給它孤獨，而蘇軾的傳奇正是始於孤獨。

一場「烏臺詩案」，讓你從人生的巔峰驟然跌入谷底。「東坡何罪，獨以名太高。」你光芒耀眼、卓爾不群，但外露的才華也為你招來了嫉妒與仇恨。帶著官場文壇一起潑來的污水和滿腹冤屈，你只能在漆暗的牢籠中孤芳自賞，顧影自憐。慘澹的月光映襯著往日的浮華，監獄裡你孤獨的背影更顯得悲涼。

你將所有的孤獨藏進了一首《卜運算元》中：「缺月掛疏桐，漏斷人初靜。誰見幽人獨往來？縹緲孤鴻影。 驚起卻回頭，有恨無人省。揀盡寒枝不肯棲，寂寞沙洲冷。」當你在監獄中又看到一輪明月，當曾經的浮華與今日的慘澹一起出現在你的腦海中，你的心中是否感到了一種空虛和迷茫？

每個人都品嘗過孤獨，但有多少人真正理解你「高處不勝寒」的深意？

假如你在迷茫中歸於消沉，你將變得平庸，歷史也不會為你長鳴。但你卻開始了反思，開始了一場蛻變和突圍，此時的你也許不知道，正是孤獨讓你從此變得與眾不同。

梅花——逆境突圍

凌寒怒放，芳香依舊，梅花是逆境中傲然挺立的強者。你被貶到黃州時正值寒冬，你的心中一定十分悲涼。此時的你，滿身疲倦滿身狼狽，滿心僥倖滿心迷茫。你的腳上帶著枷鎖，步履蹣跚；心中也承著負擔，心事重重。

然而，逆境並未將你擊倒，你沒有消沉，你在山水間舒展心情。但假如你僅僅寄情於山水，你將與那些消極避世的遷客騷人一同被遺忘在山水間，此時的你還有著儒家積極的心態。你在遊玩之中從未停止對人生的思索。

這是你艱難的蛻變的過程，但艱難背後，一個隱約的新的蘇東坡已經呼之欲出。

蓮花——超拔於世俗

「出淤泥而不染，濯清漣而不妖」，蓮是花中的君子。蛻變後的蘇東坡是全新的蘇東坡，有著出淤泥而不染、「揀盡寒枝不肯棲」的高貴。

有多少是非非就有多少大徹大悟。在偏僻的黃州，你在靜坐修禪中感悟到了人生的真諦。你在潮起潮落、陰晴圓缺之間學會了珍惜。你褪去了往日的浮華，你深知：名聲與利益只是身外之物，淡泊與靜定的心境才是你的追求。

你感悟到了生命的本質：「自其不變者而觀之，則物與我皆無盡也」。在修禪的過程中，你不但超拔於得失，超拔於世俗，也超脫於人生的短暫了。

你在偏僻的黃州找到了自己的一片淨土，你在時間與空間中找到了自己的座標，你也就找到了永恆。

……

「落紅不是無情物，化作春泥更護花。」正如你所說，「自其不變者而觀之，則物與我皆無盡也」。你短暫的一生帶不走你精神與品格的活力，你的心卻常存於世間。每當後人觸到你的靈魂，觸到你深受儒道佛三家影響的複雜的精神世界，總會從中得到無窮無盡的感悟。

（高二作文）

以「菊」、「梅」、「蓮」來比喻蘇軾複雜的思想，形象貼切，這是此文的一大特點。這篇文章行文自然流暢，思路清晰，用小標題將蘇軾從「孤獨的際遇」到對這種際遇的態度與行動「逆境突圍」、再到這種行動的歷史意義串聯起來，三個小標題雖各自獨立，但彼此又有內在的邏輯關係，即生活中我們會遇到什麼、如何對待，以及這樣對待之後的意義和價值，這種內在邏輯與表現方式值得借鑒。

王素敏

【題目呈現】近日，有作家提議，我國應設立一個世界性的文學獎——「李太白文學獎」，要把它做成中國的「諾貝爾文學獎」，用我們的眼光和標準來評鑑世界文學，以爭奪中國在世界文學界更多的話語權。我們的作品走向了世界，我們也要評點世界。

這個提議引發了你怎樣的思考？請你自選角度，自擬題目，寫一篇不少於八百字的文章，除詩歌外，文體不限。

【解題簡析】這是一道時事評論作文題目，對這類文題，我們往往「糾結」於要不要引申出去，引申到什麼程度，而忽略了對這個文題本身的思考和認識，這是一個誤區。材料中分明說「引發了你怎樣的思考」，這才是我們最應該思考和關注的。

下面兩篇文章，都在思考力上勝人一籌。

中國的繡口

肖禹

北京八中二〇一三屆，現在法國留學。

一個秀外慧中的人，總能讓人感覺到思考帶來的快樂。

對肖禹來說，學習不僅是一種需要，更是一種能力。

享受學習的快樂，積極活潑地學習和生活。

對於近日有作家提議設立的世界性文學獎——「李太白文學獎」，我認為它設立的時機尚未成熟。

眼下，隨著閱讀習慣的衰落，純文學與市場的隔離，文學式微已然成為了人們的共識。有些文學作品陷入同質化的窠臼而想像力匱乏，部分優秀作品也大多擱置塵堆，亟須打撈。在這種文化現狀下，通過設獎來爭奪世界文學話語權就顯得捨本逐末；不如理性自知，剖析中外文學不對等的根由。

莫言在獲得諾貝爾文學獎後坦言：「世界上沒有任何一個獎項，可以推動一個國家、一個時代的文學向前。文學發展最根本的動力是人類追求光明、懼怕黑暗的本性，是人類認識自我、表現自我的願望。從這個意義講，文學的發展繁榮與文學獎沒有任何關係。」

諾貝爾獎之所以能夠享譽中外、聞名遐邇，與它尊重真知、文化交流等價值不無關聯；而設立「李太白文學獎」卻是為了爭奪話語權，這本身就與它「世界性」的定位背道而馳。它所凸顯的並不是我們的文化自信和文化信仰，而是盲目的標識崇拜與價值彷徨甚至是文化自卑。

當下設獎一事不宜操之過急，若不能理性地看待莫言獲獎，而又掀起一陣自大的文化浮躁，去一廂情願地給世界頒獎，這勢必將成為世界的笑柄。我們若想要回我們的文化「面子」——世界文學

話語權，就應當從我們的文化「裡子」——文學內涵和本質入手，而不在獎。托爾斯泰、卡夫卡、馬克·吐溫、左拉，他們一生從未摘得諾貝爾獎，但卻用有血有肉有生命力的作品，開創了一個個充滿人性關懷與理想主義光輝的世界。他們用各自閱盡生活後的自我審察與生命沉澱而名揚世界，並最終得到他們應有的話語權。

正如舒乙所言：「文學是說明人生、解釋人生的，人們可以在作品設置的境界中，了解人生的真意義，這是文學的必要。」

莫言獲得諾貝爾獎圓了中華兒女的「諾獎情結」，但這並不意味著中國文學已至巔峰。只有當當下作家領悟文學與人生的真意、摒棄市井的俗氣與物欲的短視、還一身堂堂文學骨氣與赤子之心時；當中國再多幾位鐵板高唱「大江東去」的哲人與智者，再多幾位「語字醉舞而平仄亂撞，把詩句嘔吐在豪門的玉階上」的布衫書生，再多幾位「酒入豪腸，七分釀成了月光，餘下的三分嘯成劍氣，繡口一吐，就半個盛唐」的桀驁俊才之時，我們又何嘗不想再去設個世界文學獎給這些文人墨客一個舞臺去激揚文字，去以我們的眼光指點江山，去以我們的情懷滋養一片天地，使中國之文學成為世界文學園地中不可或缺的旗幟。

這才是當下作家應有的擔當，對於文學頹勢應有的救贖。李太白繡口一吐，世界的目光又聚焦在了東方。（高三作文）

這是一篇大氣磅礴的作文，開宗明義，「我認為它設立的時機尚未成熟」，緊跟著第二段至第四段集中論述其原因，第五段再次呼應論點「當下設獎一事不宜操之過急」。第七段非常有氣勢地回答了我們該何時設獎，連續排比使論點內涵飽滿，鏗鏘有力。

王素敏

文學的尊嚴

鞠夢時

北京八中二〇一三屆，現考取南京大學。
校園裡戲劇社組織話劇展演、辯論社的每場辯論都少不了她忙碌活躍的身影，
是大家公認的文采燦然、思考力強的才女。善於表達，樂於思考，筆耕不輟，
以致每次考場作文，信手拈來，都是大家學習的範文。

　　優秀的文學作品，飽含著時代的冷暖和生命的出入。文字以及文字之外的靈魂，構成了文學的尊嚴，神聖而不可侵犯。

　　在我看來，設立一個世界性的文學獎，用我們的眼光和標準來評鑒世界文學，這一行為反而傷害了文學的尊嚴，也恰恰反映了一種文學自卑心理。

　　今年莫言大熱，很多人沒讀過《蛙》，卻也跟著開心了一把。這本無可厚非，諾貝爾文學獎終於授予了中國人，中國的作品得到諾貝爾文學獎的肯定繼而走向世界。對於中國文學來說，這確實是件值得高興的事。然而，在這之後，一系列的疑問浮上水面，莫言雖為中國作家卻採用西方寫作手法，他是中國文學的代表嗎？中國文學豐厚而博大，又為何如今才首獲諾貝爾獎？

　　然而，我想問的是，這個獎真得如此重要嗎？同樣，一個「李太白文學獎」又真的可以通過評點世界發展我國文學嗎？

　　文學的尊嚴，是「獨立之人格，自由之思想」，作為一種載體，將最有價值的東西保留下來。這份尊嚴，不是任何獎項可以賦予或是傷害的。中國作家多年未獲諾貝爾獎，這本身與語言文化的差異有極大關係。就像英國喝紅茶的貴族不會懂得張愛玲筆下的十里洋場、十里風光，就像金庸先生刀光劍影背後的家國情懷不能與諾貝

爾獎的評判相契合，中國的文學作品中有太多中國文化的特質與烙印，或許至今仍不能被諾貝爾獎完全接受、肯定和欣賞。但這些烙印和特質，不正是中國文學的價值、尊嚴和獨特的魅力嗎？我們實在不必為此感到自卑，恰恰相反，我們早已感受到中國文學鮮活的生命力和影響力。

因此，我們也實在不必為與諾貝爾獎博弈，設置「李太白文學獎」。一個獎項的設置，與其說是為某些文學爭奪話語權，倒不如說是一種普及活動，畢竟大多數人離文學都有些距離。通過授獎，宣傳作品給大家，已是一個獎項的全部意義。中國文學應該是包容的，在擁有自己特徵的基礎上求同存異，兼收並蓄，這也是中國文學的尊嚴和高貴。用我們的眼光和標準來評鑒世界文學，這本身就有失偏頗，使中國文學的包容性變得狹隘和自私。

文學的尊嚴，是川端康成筆下《雪國》、《古都》裡的日本美學藝術，是海明威為美國迷惘的一代化身為桑迪亞哥，是巴爾扎克為法國撰寫的《人間喜劇》。

不光是中國文學，每一部優秀的文學作品都植根於地域文化之中，再開出最綺麗的花。「安能摧眉折腰事權貴，使我不得開心顏」，文學亦如是。設置獎項，評點世界文學，不是中國文學走向世界的康莊大道。唯有保持中國文學的風骨與品格，才足以讓其歷久彌新、生生不息。

獨立，包容，這是文學的尊嚴，也是中國人的胸懷。

（高三作文）

成熟、從容、大氣，是這篇文章給人的整體印象，原因在於作者的角度「文學的尊嚴」獨到而深刻。究竟該不該設獎，作者並沒有直接回答，而從文學的本質和終極意義出發，自然對設

獎持否定態度了。這不僅需要對文學有獨到的認識，也需要有一定的文學積澱才能駕馭。從第二段「文學自卑心理」到第三、第四段結尾處的疑問，顯示著作者思考的深度，最後兩段更深刻地認識到「用我們的眼光和標準來評鑒世界文學，這本身就有失偏頗，使中國文學的包容性變得狹隘和自私」、「獨立，包容，這是文學的尊嚴，也是中國人的胸懷」，都為文章增色不少。

王素敏

CHAPTER **02**

與「優品」
作文有約

頂天立地
——「優品作文」之基因

　　優品作文要求同學們善於尋找題目、要求和自身寫作的「契合點」，這裡所說的「契合點」就是「要我寫什麼」、「我該寫什麼」和「我能寫什麼」。前兩者是作文的「天」，後者是作文的「地」，即要「頂天立地」。如果能做到「三位一體」，那同學們的作文就具備了「優品作文」的基本要素。所以，這裡我們首先要明確什麼樣的作文是命題人心中的「優品作文」，心中要有「優品作文」的「目標與理想」。明確目標的目的是為了最終達到目標，這樣，大家的作文就從一種「我該寫什麼」的自發狀態進入一種「我能寫什麼」的自覺狀態。

　　作文是記錄思想和表達感情的，支撐作文的思想、情懷、視野、邏輯和語言等幾個維度之間是互為因果、互為表裡的；這些是寫作的核心和靈魂。外在的方法技巧不難，內在的思想文化情懷等就要見功力了。我們要從高一開始規劃，從深厚的人文底蘊、獨到深刻的思考、真實健康的情感、清晰完整的結構和流暢典雅的語言等幾個方面循序漸進，這些「優品作文」的基本要素就會不知不覺間見諸筆端，作文的生命力就會持續旺盛。

　　第一步，概括起來，「優品」的目標是：

　　★言之有理——立意思想：做到準確、新穎、深刻；

★言之有物——材料視野：做到豐富、典型、精深；

★言之有序——思維思路：做到內思維有序，外思路清晰完整；

★言之有文——語言情懷：做到語言流暢典雅、富於感染力和啟發性。

我們不妨在平日作文時踏踏實實地練習，根據自己的情況選取一點來突破，然後以點帶面，牢牢抓住「切題」、「內容」、「結構」、「語言」等幾個關鍵字，作文能力和水準就會穩步提高。

【示例1】在讀過《人是什麼》一文後，就可以進而思考，提升自己的思想認識，可以寫成：

★人是什麼？這是一個令人敬畏的問題，我們探尋萬事萬物的規律，卻很難回答「我」究竟是什麼。

從本文中可以看出，人賦予了本是客觀存在的時間長河意義，並且自身在此時此刻作為過去與未來的分界點。過去的時間被人類的故事充實，未來的時間由人類的夢想照亮。而人代表了現在。我們的位置是渺小而易逝的，改變不了昨天，預知不了明天，然而它也是明確而堅實的，正是對現在的把握，留下絢爛的歷史，實現美妙的憧憬。其實我是誰並不重要，因為通過現實，每個個體都將自己塑造成了一個獨一無二的人。

這個片段，從「時間」的歷史、現在和將來的維度試圖思考和探索「人是什麼」這一深刻的哲學命題，正如該生自己所說「這是一個令人敬畏的問題」。這是一種比較獨到而深刻的角度和思考，通過閱讀提升了自己的思想境界，增加了自己作文的哲學感。再看——

★人是一種只能向前行走的存在，縱使對過去有再多眷戀，也無法挽回滾滾飛逝的流水。一個人沉湎於過去是可悲的；但同樣，一個人空想於未來也是可悲的。生無所息，停滯便是死亡。社會為人創造了生存環境，同時，一個又一個的人組成了社會。社會的發展本質上是人的發

展，社會的停滯歸根結底是人的停滯，清代的人們在吞吐的煙圈中回望歌舞昇平的漢唐，啃食著兩宋留下的祖業，鎖上大門做著黃粱美夢。他們的身體在行走，靈魂卻早在身後腐朽，我們是形神合一的人，能從過去尋找經驗，能從未來找到目標，同樣也能腳踏實地地過好每一個日子。

這個片段同樣深刻而富有啟發性，不同的是從「發展」的角度思考「人是什麼」，讀來很有歷史感和哲學感。

【示例 2】 再看下面的例子：下面是讀過〈清潔的精神〉一文，對「清潔精神」內涵的思考和感悟：

★「士為知己者死」，刺客就是以此為信義的殉道者。無論刺殺是因為義、信還是恥，其最終結果都是刺客自我價值的實現。並且在整個刺殺的行動中，死去的謀事者與執行者，均是義無反顧的殉道者。刺殺並非全為了刺殺某個人，而是為刺殺這一行動本身，所以豫讓才會去刺趙襄子的華服，所以說「刺」是殉道的表現。而支持刺客的力量，就是他們心中清潔的精神。

「殉」是刺客的歸宿，是付出的最高形式，也是一種強硬的力量。在它面前，明哲保身顯得十分蒼白了，而貪婪地索取更是可恥的。這也難怪作者在如今充滿物欲和物化的社會中尋不到清潔的精神了。「壯士一去不復返」，他的精神也要隨他而去了嗎？

★「潔」是一個來自上古的詞，它被義、信、恥、殉等詞簇擁，是中華精神的最高代表。許由的「潔」來自憎惡名利，篤定地堅守著自己純真的信念；刺客們的「潔」在於他們不畏權勢，以義為先，高呼「士為知己者死」，將生死置之度外；狼牙山五壯士的「潔」，在於他們寧願跳崖也不被俘虜的勇於犧牲的精神。這樣來看，凡是有「潔」的精神的人，必定是將生死、名利置之度外，堅守自己信念的人，這便是「潔」的要旨所在。

在欲望不斷膨脹、人們競相追逐名利的今天，作者作此文為呼籲大家尋找「潔」的精神，惶惶然滿足於物質的世界是虛幻的，真正忠於自己的內心，堅守自己的信念，不為外界的塵埃沾染，才使一個人活得豐富、實在，活得高潔。內心的信念是信仰，有信仰的人必定是強大的，他會戰勝內心的恐懼，最終像刺客、壯士一樣屹立在歷史的天空下，高大巍峨，受人敬仰，直至永恆，不管當時是成是敗，他都會是人們心目中的英雄，這便是「潔」賦予他的強大的力量，這似乎正是所謂「無欲則剛」和「知恥近乎勇」。

上面兩個片段對「潔」的精神作了比較充分的詮釋，它們從古至今用發展的眼光看待「潔」，指出「潔」的內涵是隨時代的變化而變化的，但其中也有不變的內核，即對「仁、義和信」的信仰。這樣「潔」就可以超越歷史，為我們今天所提倡了，這就是這兩段文字值得提倡的地方。

為此，我們訓練自己的作文，就要清楚作文訓練的五個階段：

★話題突出：這是審題立意的問題，是作文中最基本的，離開此，「優品作文」無從談起。

★結構清晰：這是考場作文的基本要求，是寫作文和讀作文的紐帶，不講邏輯是議論文的大忌。

★材料豐富：這是作文的內涵，是一篇作文能否吸引人的地方，「優品作文」是要有血有肉的。

★語言見采：這是作文一道亮麗的風景，沒有此，再好的思想和材料也是沒有感染力的，也是蒼白的。

★內容深刻：這裡是指文章的見解深刻和分析深刻，有時只有見解而沒有深入的分析也是不飽滿的，這是對文章更高級的要求。

【示例3】優品作文「優」在一種文化氣象上，再看下面幾段是在「思想和素材」方面從「文化人文」角度積累之後的一點感悟：

★一種大文化，是一種龐大人群的生活方式和精神價值，它滲透在千家炊煙、萬家燈火之間。文化是無形的，可是它所帶來的影響鐫刻在歷史的書頁上卻清晰可見，范仲淹說「雲山蒼蒼，江水泱泱，先生之風，山高水長」，這便是文化，它由一種無形無質的氣韻漸漸地繁衍出一種令人可以感知且必須仰視的魂靈，而正是這種文化的細微的聚合體，在時間上誕生了歷史，在空間上誕生了鄉村和城市。我們的城市可以百花齊放、多姿多彩，但如果沒有深厚的文化作支撐，沒有真正的城市文化和精神作支撐，這個城市是看不見未來的，換句話說，沒有文化的城市只是高樓林立的鋼筋水泥。同樣的，沒有文化承載的過去只是一段逝去的時間，而不能稱其為歷史。文化，是曠野上先人的足跡，而我們則在這條路上延伸下去。

此段寫得很有質感，很獨到，從無形到有形，從歷史說到我們生活的城市，引人思考。

★文化是人類所特有的。文化的魅力是個性，文化的乏味是雷同。所以，當文化成為一種「產業」、一種「戰略」，得到的成果就很難再稱呼為原有的文化了。文化往往以兩種狀態存在，一是活著的狀態，一是歷史的狀態。我們每一個人都在生活中發揚「活著」的文化，同時，傳承者「歷史」的文化。所以，我們必須擁有文化意識、文化素養以及文化責任感。文化不僅在於從今天看過去，更在於站在未來的角度看今天。後人眼中的文化，就在我們手中傳遞著，但願我們捧著從古人那裡獲取珍寶的雙手不要顫抖。

此段寫得很大氣，也很有思想，因而成熟深刻。「活著的狀態」和「歷史的狀態」兩種文化的觀點有些振聾發聵，更可貴的是該生提到了文化的傳遞和「文化責任感」，這就寫出了使命感，讓人折服。

★文化是一個國家的靈魂，是再強大的科技力量也無法造就的。文化不在別處，它就在我們每個人身上，滲透在千家炊煙、萬家燈火之

間。所以，真正的文化不只在於產生了多少大師、大家，更不只在於生產了多少「文化產品」，而在於人本身。真正的文化是人文文化，是在人們日常生活中所自然表現出來的點點滴滴，是一種習慣，是體現在人身上的那種根植於內心的修養，無須提醒的自覺，以約束為前提的自由，為別人著想的善良。認識到這一點，我們或許也就明白了為什麼要尊重自己、尊重他人和尊重大自然，因為我們的一舉一動都體現著這個國家的文化，舉手投足之間，文化被創造並被改變著。

　　文化的力量不可小覷。在臺灣問題上，溫家寶總理曾說：「我常常想，難道幾千年的文化恩澤消弭不了幾十年的政治恩怨？」一個在文化上緊緊相擁的民族是真正有力量和潛力的民族。誰說中國人沒有信仰？家就是我們的信仰，而信仰背後，是文化。從古代的遊子思鄉到今天的春運大軍，無不是這種「家文化」的體現。文化的力量無形而強大，它影響著人的發展，更在關鍵時刻決定民族的存亡。

　　上面一段從「人」、「國家」的高度來審視文化，「舉手投足之間文化被創造並被改變著」「無須提醒的自覺，以約束為前提的自由，為別人著想的善良」這樣有思考力的觀點讓人難忘，這是「優品作文」的標誌。

　　第二步，具體說來，學寫「優品作文」應注意以下幾點：

　　★方向：為自己選擇適合自己的範文至關重要，因為只有可學才是有價值的，也才是有效的；

　　★做法：怎麼使用範文，一定要貼近並高於自己的水準，然後學思想、學材料、學語言、學結構等，從模仿開始，最後推陳出新；

　　★啟示：面對優品範文，總要不斷地思考：

　　（1）我需要什麼？即「什麼內容，怎麼寫的（包括結構、語言、方法等）」；

　　（2）「我要從範文中獲得什麼？」做到「有備而來」，範文才能最大

限度地發揮作用；

（3）我有什麼、學他什麼？即「我能否通過對範文的模仿學習實現發展個性、超越已有的目的」。

【示例4】下面是關於「傳遞」話題的一些片段，大家可以從中尋找對自己有價值的地方學習借鑒：

★臧克家說：「有些人活著，他已經死了，有些人死了，他還活著。」這是因為往生者的身上，有一種精神在生生不息地傳遞著。

瞿秋白，他是一個文弱書生，亦是一個錚錚鐵漢，面對著叛徒的指控，他淡然一笑：「沒錯，我就是。」臨刑前他在山坡上坐下說：「此地甚好。」該是何種從容而迷人的氣度。

他用他的珠玉之身去拼刀光劍影，鮮血點點帶著書香，滲入泥土卻與百姓沒有什麼不同，很多文人都是這樣，「尚思為國戍輪臺」的陸游，抑或那個「爆一聲，咱們的中國！」的聞一多。在他們看來文人並沒有什麼高貴的，胸中的墨水與血液一起沸騰著，他們用筆在吶喊，那是根接力棒，傳給了瞿秋白，傳給了魯迅。

我想過秋白在獄中寫下那篇《多餘的話》時的樣子，那麼陰森幽冷的地牢裡，安靜到讓人絕望，秋白他就那麼安然地待在那裡，面容蒼白俊秀，同樣蒼白的手握著筆，寫下和他的人一樣清瘦挺拔的字，時不時皺緊了眉，狠狠地咳嗽兩聲，聲音在冰涼的空氣中似乎還帶著迴響。他又寫下去，宛若永恆。

永恆得讓人敬畏，永恆得讓人心疼。

秋白文質彬彬卻不被看作懦弱，書生意氣，揮斥方遒，這是文人才會有的氣度——安寧從容又夾雜著血淚與堅定。

他從前人手裡拿過那根接力棒，又安靜地把它傳了下去，給聶耳，給郭沫若，給很多很多人。

他們看上去文弱，可你不知道什麼時候他們身上就會爆出一團火，

燒到紙頁上，燒到旋律中，燒到每個人心裡，燒在歷史的黑暗裡……

這是一團燃燒了幾千年的文人的骨氣淬成的火啊！

秋白是繼承者，亦是先驅，是殉道者，亦是豐碑。這條路上的每個人都是如此，他們不言不語，只是把身體裡潛藏著的隨時可能爆發的義膽忠魂，傳下去。

以上片段對「傳遞」的內涵作出了自己的闡發，舉例瞿秋白、陸游、魯迅等，引用名言，給文章增添了分量，體現了作者比較厚重的思想底蘊和平日積累的功力，在考場作文中定會脫穎而出。

【題目呈現】閱讀下面材料，按照要求作文。

「盡日尋春不見春，芒鞋踏破嶺頭雲。歸來笑拈梅花嗅，春在枝頭已十分。」這是一首很有意蘊的詩。從這首詩中，有人讀出了美好的事物就在身邊，不能沒有發現的眼睛；有人讀出了若沒有追尋的過程，也許永遠學不會珍惜；還有人讀出了任何一種成功都並非偶然，除了努力，還需要時間的積累……

請根據你讀這首詩的體會，自選角度，自擬題目，聯繫實際，寫一篇不少於八百字的文章。除詩歌外，文體不限。

【解題簡析】這是一道根據詩意來感悟挖掘、引申聯想的題目，其中既有詩的意境也有哲理的思辨，對學生的審美和思維能力有一定的要求。縱使「芒鞋踏破」，「尋春不見」似乎有些失落。殊不知，歸來處「枝頭春意正濃」。這種似無實有的情趣與理趣的交相呼應，給考生留下了豐富的想像天地和引申空間。同學們要善於抓住材料中的三種「有人說」的不同立意角度，其中各自的關鍵字為「發現美好」、「追尋珍惜」、「努力」、「積累」等，從而寫出既有文采詩意又有理趣思辨的好文章來。

下面這些文章，就是從以上不同角度立意成文，不僅切合詩意和題意，也在考場上展示了自己的積澱和才思，認真研讀，找到範文和自己的契合點，定能悟到可學之處。

春歸何處

武凡

北京八中二〇一二屆，現就讀於首都師範大學。

當年小軒窗裡，玉蘭樹下，老師不止一次地教導我寫作文當「帶著枷鎖跳舞」；
而今學著地理，過著在山水間翩然起舞的日子，卻一次次地想念當年咬著筆頭思考
怎樣將腦海中跳躍的奇思妙想裝在「命題」的容器裡的模樣。

「盡日尋春不見春，芒鞋踏破嶺頭雲。歸來笑拈梅花嗅，春在枝頭已十分。」有人說「春」便是那一縷沁骨梅香，有人說「春」是嶺頭彌漫心底的盎然春意，可是若不曾看過爛漫春光，如何能從那梅香中體味到「春」的精魂？若不曾拈起庭前那一枝梅花，又怎麼能從繁亂春景中感悟「春」的真諦？

在我看來，「踏破嶺頭雲」是「尋春」，「笑拈梅花嗅」是「感春」，只有尋得了春的繁華盛景，再來感春的柔膩清新，方能真正的「知春」，體味到「春」所代表的那種足以充溢人身心的精彩。

人生的那條路，又何嘗不是那場「尋春」的旅途？

那是一路無際無涯的繁花勝錦，天邊流嵐，雲卷雲舒，流光爍金，靜影沉璧，目之所及全是無盡的美好，錯過一點兒也沒關係，這世界本就是一幅看不盡的繽紛畫卷。

錯過了枝頭欲滴的紅杏，還有壓低海棠的一樹梨花勝雪；錯過了關山清朗明月，還有隨霜散落滿地的悠悠笛聲。人生路上，滿滿的是前人的生命綻放出的百般春色，尋也尋不盡、看也看不完的。

可是真的「尋」過了，「看」過了，就足夠了嗎？

其實，再多再好的風景，看得多了，也不過是漸欲的紛繁亂花迷了人眼，並不是看過前人生命的春景，就能找到自己生命的春

天。

　　尋春，更要「感春」，讓流浪的春景在自己心裡找個歸處。

　　有人說「熟讀唐詩三百首，不會作詩也會吟」，可那詩句也不過是對前人智慧的套用，沒有自己的靈魂。或許熟讀唐詩三百首能造就一個附庸風雅的才子，可又如何造得出李白？

　　只會讀前人詩的書生，心中縱有了華章麗藻，又如何承得下屬於自己的那一輪漢唐明月？

　　走得太遠了，遠到只顧採擷滿路的春光，而忘了回到原點，回到那樸素純淨的自我，去細看那春光，去體味那春光，去擷一縷最沁潤肺腑的春光，讓它在心底生長，成為屬於自己的春日的芬芳。

　　張大千描摹莫高窟的壁畫，他所感知的不過是那一星名叫「自由寫意」的點亮他所有潑墨山水的火種；王維走訪了山川大河，他所感知的不過是那一抹可以讓他悠然「行到水窮處，坐看雲起時」的終南山色。看上去或許他們獲得的太少了，可是已經足夠了，尋再多的春色也只是裝裱。弱水三千，一瓢足飲。

　　他們所尋找到的，所感受到的那一點屬於他們自己的「春」的魂魄已經足以如一場火花，讓他們的整個生命為之燃燒、為之綻放了。

　　別人的春景再繽紛，終歸不是你的，你的春天只是那一點最能感染你的春色，是那一抹歸宿於你心靈的春的芬芳。

　　春景在反覆，你在這世間反反覆覆要尋找的，不過是那一株懂你的、你懂的花樹。

　　看遍了春景還找不到自己的春天嗎？俯視那一枝早被你遺忘在記憶深處的梅花吧，那是在別人的春色之外你自己的生命裡最詩意的魂魄。

　　你的春天，你的追求與夢想，你看過你記得的那些純淨芬芳，都會在那縷梅香浸潤你心的時刻，慢慢地盛放。

春歸何處，絕非寂寞無尋路。

何處尋春？

看遍春景，春歸心底，所需不過那一枝梅花。

（高三作文）

這篇文章可謂文采飛揚，個性鮮明，寫得富有詩意，散文化的筆法讓文章氣脈貫通，行雲流水般表情達意。作者在文章開頭部分結合材料指出「尋春」與「感春」的不同，緊接著一個類比說出「人生的那條路，又何嘗不是那場『尋春』的旅途」這個觀點，論證中強調「尋春，更要『感春』，讓流浪的春景在自己心裡找個歸處」這層意思，步步深入直至「春歸何處，絕非寂寞無尋路。何處尋春？看遍春景，春歸心底，所需不過那一支梅花」。這樣一個充滿詩意含蓄雋永的結尾，讓人回味無窮，語言清雅，內在條理分明，同時也有自己獨到的觀點，是一篇難得的佳作。

王素敏

春在枝頭已十分

周旭

北京八中二〇一二屆，現就讀於中國農業大學。

文字於我而言，絕不是應付考試的工具，而是自己成長道路的見證者。
先敬畏文字，再駕馭文字，用它雕琢時光，待到年華老去再來品讀，
才會別有一番風味。生活之美不過嘗世間百味，品甘醇抑或澀苦，
將往事點滴皆著墨，回首笑談中，拂去衣上紅塵土。

有人去遠方尋找春天。

他獨自走了千萬里，見過蒼山負雪綿延不絕，見過朝露凝結霜打紅葉。卻在轉身時驀然發現，春意其實就在家鄉靜放的梅花枝頭，就在歸來時為他點亮的燭光裡。

美好的事物就在身邊，有時我們只是缺少了發現美好的眼睛和一顆感受幸福的心。

盡日尋春不見春，因為春意不在嶺頭那隨風舒卷的縹緲微雲，而在歸途上，在轉身後。當你環顧四周，開始在意身邊的美好時，便會發現春在枝頭已十分。

我們總是把遠方想得太完美，好像故鄉永遠裝不下我們的夢想。李白十五歲仗劍天涯，背井離鄉去吟唱他的半個盛唐。然而，誰說他「我本楚狂人，鳳歌笑孔丘」的猖狂中就不沾一點兒苦澀？李白的天真爛漫與不諳世事的狂浪，給他在他嚮往的遠方帶來了太多彷徨。貝加爾湖畔的月在等他，家鄉的葡萄美酒在等他，然而，他卻不曾為之駐足，為之回首。他背後是融融春意，但他終究選擇了那個充滿機遇與是非的大唐，那個讓他琢磨不透卻又不甘割捨的大唐，義無反顧地走上了喧鬧卻又寂寥的人生路，注定一世跌宕。

當我們走遠了，往往更想念的是身邊曾擁有的美好。太多的艱

辛與風雪充實了我們的人生路，讓我們在眺望中行走。但唯有回首的那一刻，我們才發現自己已經擁有了多少美好。人生不在於你看見多少幸福，而在於你把握住多少。沈從文在城市中塑造他的文字，然而他的文字卻是在描繪那故鄉的人，故鄉的沅水。遠方是別人的，這裡是別人的，是徐志摩那般帶著洋氣的文人的。沈從文知道他的幸福在那曾日夜陪伴他的沅水邊，就在鄉村芬芳的泥土裡。他用青春去遠方尋找春意，卻終究是在歸途中望見春在枝頭，用十分的熱情等候他的回歸。

山一程，水一程，與其去羨慕遠方的美好，不如把握住身邊的幸福。幸福不在長安城裡花樓小姐繡的牡丹上，而在家鄉洛陽一夜盛放的枝頭；幸福也不在繁華都市的霓虹喧囂裡，而在歸途上那一盞為你照亮前路的街燈。

我們都手握著太多幸福，擁有太多美好，學會滿足，學會欣賞，便是尊重生活，便是懂得生活，便擁抱了一種精神，珍惜眼前的美好讓我們變得更加幸福。

山水路漫漫，或許我依然放不下遠方的美景，但我知道幸福就在我背後，就在我身邊，就在我手中。

走多遠都要回來的，因為我不願辜負那枝頭等候著我的春意。

我知道美景和歷練在前方，幸福卻一直在身旁。

（高三作文）

這篇文章的才情和語言之美，讀來是一種享受。開頭仍用材料入題，但卻是自己的語言，轉換得那麼有詩意；第二段乾淨俐落地提出「美好的事物就在身邊，有時我們只是缺少了發現美好的眼睛和一顆感受幸福的心」的觀點，然後以李白為例，有種「平中見奇」的感覺和新穎，信手拈來，讀來卻是押韻的，

作者駕馭語言的能力可見一斑。然後又以沈從文為例，進一步論證「當我們走遠了，往往更想念的是身邊曾擁有的美好」，非常恰當有力，最後落筆於我們，文章如行雲流水，文采斐然卻不做作，是一篇文質兼美的好文章。

王素敏

我願追尋

肖夏

北京八中二〇一二屆，現就讀於廈門大學。

不夠文藝清新，但是足夠努力。

在文字的海洋中，思想的天空下，經歷了最難忘的成長。

現在，在美麗的廈門，自信地繼續做著喜歡做的事，心裡裝得滿滿的，上路了。

「今日尋春不見春，芒鞋踏破嶺頭雲」，濁汗從面頰滴落，足背已沾滿污泥，「尋春人」的眼睛卻仍清澈明亮，心依然嚮往著那美麗的遠方。那裡是否有鬧春的紅杏？抑或碧綠的原野？我們不知，但我願意去追尋。

我願追尋，因為追尋是一種昂揚的姿態。

未知的總是有吸引力的，詩人尋春定不是先得知春有哪般色彩才出發的。

因為願意追尋的人是內心充滿激情與憧憬的人，他們善於在困厄中尋到動力，在苦難中覓得美好，因而不輕言放棄，永遠鬥志昂揚。

我願追尋，因而當我澎湃的激情感染了花朵，使之綻放，當我篤定的步伐引我看到了全新的風景，我的心才能愈發飽滿。

留在原地，滿足於現狀，畏懼於追尋的人是得不到大智慧並讓心靈飽滿起來的。多數人只知道泰戈爾有豐富的思想，令人豔羨的才華，卻不知道這是他苦苦追尋的結果。他遠離了污濁的環境，追尋著風的韻動，樹的呼吸，來到大自然中，靜坐冥想。所以他能說出「小草的足步雖小，但它擁有它足下的土地」這種富有深蘊又令人動容的話。我想那時，他的追尋或許並不僅僅在於外在的動作

了，他的心靈早已開始了追尋的征程。

所以，我願追尋，不僅用雙腳，更用心靈去追尋！

用雙腳追尋了，我知道了何為「得來不易」，何為「絕知此事要躬行」，我更接近了春意盎然的遠方。而用心靈去追尋了，我便能看清心的方向，並懂得珍惜。不懂得珍惜，世上萬物又有何意義？看到的不是煥發生命活力的樹林，而是色調乏味的朽木；觸碰到的不是上天賜予的甘霖，而是弄濕自己褲管的水漬。唯有追尋了，收入眼眶的無論是什麼都能滋潤出一滴溫潤的淚來，而那份追尋到的春天或是什麼便流淌到心間，讓我久久銘記。

王國維所說的人生第二境界「衣帶漸寬終不悔，為伊消得人憔悴」，恐怕是對追尋最好的寫照了。儘管「驀然回首，那人卻在燈火闌珊處」的境界，並非所有人都能達到，但是追尋之時那昂起的頭顱、飛揚的汗水，漸漸豐富而高貴的靈魂已然讓我們擁有與那第三境界帶來的快樂等同的、令人珍惜並銘記一生的幸福了。

追尋，道阻且長，就算哪日我跫音已滅，但我相信，我的心仍會在追尋的路上。

呵，那前方的萬丈霞光，那前方的波瀾壯闊，不都激勵著我大喊「我願追尋」嗎？

（高三作文）

以問開頭、以問結尾，首尾呼應，章法自然，而且文章飽含著情懷與激情，所以格外具有感染力。「我願追尋」是對尋春者最充分的鼓勵，文中也充滿著作者對遠方春色的嚮往，理由很簡單，「因為追尋是一種昂揚的姿態」這種姿態讓我的心愈發飽滿，這是作者的篤定；然後從反面說「留在原地，滿足於現狀，畏懼於追尋的人是得不到大智慧、并讓心靈飽滿起來

的」，泰戈爾的例子讓人信服，所以自然得出「我願追尋，不僅用雙腳，更用心靈去追尋」這個結論，至此立意又提升了一個境界；以王國維著名的觀點為據，寫出了自己的新意，最後飽含激情地發出「追尋，道阻且長，就算哪日我跫音已滅，但我相信，我的心仍會在追尋的路上」這富有詩意的心聲，實為一篇有情有才的佳作。

王素敏

靜待春色

張湛

北京八中二〇一二屆，現就讀於北京郵電大學。
一雙炯炯有神的眼睛裡永遠閃爍著真誠、思考和友善的光芒。
秀外慧中的才學和性格，總是讓人喜歡。自強堅毅、
不怕困難的果敢似乎總能讓人想起柔中帶剛的特點。

「盡日尋春不見春，芒鞋踏破嶺頭雲。歸來笑拈梅花嗅，春在枝頭已十分。」千里尋覓卻難見春色，忽見枝頭方覺春意已十分。原來生命中的至美就如這春色般無處可覓，唯有靜靜等候，享受忽見時的那一瞬驚豔。

不遠千里之遙，不懼踏破芒鞋，苦苦尋覓卻毫無所得。此時的尋春不再是對美的渴慕，不復追尋發現中的樂趣，卻早已成為一份強求的折磨。尋只是求，求只為得。

人生萬般痛苦，生老病死，愛離別，怨憎會，卻還抵不了一個「求不得」。

武則天九五之尊，卻也求不得花王牡丹冬日中的盛放，縱使群芳屈從皇威，違背天時於寒冬競開，這幅百花爭豔圖也因少了牡丹的絕豔而難成春色。

既然春色無法覓得，又何必強求？小園中靜坐半日，嗅得花香，會心一笑，已知春來。

春來自有時，與其徒勞尋覓，何不靜待春色？春風春雨知時節，該來的時候，它們自會翩翩而至。武帝高高在上，妄圖號令時節，卻為春色所不睬。詩人備一杯薄酒，靜坐相待，便見春風捲簾而至。

春色求不得，你做帝王，它卻未必肯做你的臣子；你做尋覓者，它卻未必肯被你捕獲。唯有視它為友，靜坐半刻，自會迎來好友的拜訪，彼此相視一笑。

求不得的是四季中的春色，又何嘗不是生命中的春色？無常的世事裡，沉浮的人生中，那姹紫嫣紅的繁花似錦有誰不愛，有誰不慕？命運卻總是無常，將人高高捧起，又重重摔下。千般尋覓，萬般苦求，卻不得一縷春風，不見一絲春雨。

做不得命運的主人，就如我們號令不了春色；做不得命運的奴隸，就如我們苦求不得春色。唯有與命運為友，靜坐於方寸之間，閒聽潮起潮落，靜觀雲卷雲舒，然後在一瞬間忽然嗅得花香，方覺春色已至。

這時的春色，不再是轉瞬即逝的榮華，那是靈魂深處的芳香，那是盈滿生命的四季。靜待中，聽潮觀雲中，也耕耘著心田，醞釀著生命。

靜待後方知，並非萬紫千紅才是春，清風明月亦是春色。

不需芒鞋踏破嶺頭雲，只需一張席、一杯酒，靜待春色，待到它翩然而至，相視一笑，已是滄海桑田。

（高三作文）

這篇文章寫得很有禪意，但又不消沉，因而顯得文意優雅從容。「靜待春色」，言外之意是無須「芒鞋踏破」，而「不復追尋發現中的樂趣，卻早已成為一份強求的折磨。尋只是求，求只為得」一句更是「柔中帶剛」，讓讀者以為作者是要放棄追尋，無所事事。然而文章妙就妙在由「春色求不得」「唯有視它為友」這種別致的格調，層層深入地得出「做不得命運的主人，就如我們號令不了春色；做不得命運的奴隸，就如我們苦

求不得春色。唯有與命運為友」然後「醞釀著生命」直待滄海桑田。此外化用著名作家張抗抗的〈牡丹的拒絕〉一文，自然貼切，為自己所用，語言的駕馭能力可見一斑，值得學習。

王素敏

歸看梅花雪海香

胡博

北京八中二〇一二屆，現就讀於北京工業大學。

死生契闊，與子成說，是我對文字的喜愛。

切磋琢磨，高山景行，是我對文學的態度，更是我對生活的態度。

珍惜愛自己的人，做最美好的自己。

出尋春色芒鞋破，歸看梅花雪海香。曾幾何時，我們眾裡尋她千百度，終在驀然回首時擁有那如花笑靨，於是，我們學會了珍惜。

詩人追尋春色，最終在梅花的芬芳中嗅到春天的甜美，於是他彷彿置身於萬紫千紅之中，擁有了整片春色。我想，當「水面初平雲腳低」、「幾處早鶯爭暖樹」的春天到來時，他定會倍加珍惜這大好韶光，甚而以詩詠春，將春色捎給那些無法追尋春卻渴望擁有春的人們。傳遞，是最無私的擁有，是最智慧的珍惜。

春色，寓意人世間一切美好的事物，他可以是一位佳人，可以是一處聖地，同時也可以是愛情與信仰。葉芝追求茅德岡，最終未果，在淡淡的遺憾中，他創作了〈當你老了〉，感動了無數的人。又如柴可夫斯基與梅剋夫人的邂逅與錯過，他們追尋愛人，最終擁有愛情。縱是「人面不知何處去，桃花依舊笑春風」，這桃花便是那梅花的延續。我們追求春天，最終擁有了春色盎然的生機，這些美好的事物是人們擁有過後的珍惜之物，飽含濃烈的愛意，他們用詩歌、用音樂、用色彩傳遞著自己的愛意。這些人知道尋覓的辛苦，卻以自身的經歷鼓舞強者追尋，因為他們知道追尋後擁有的美好，人們會倍加珍惜。

一切美好之物，人們為了擁有而追尋，為了珍惜而傳遞。米沃什為了擁有波蘭，無論流浪何處，從未停止過心中對祖國的追尋，他渴望波蘭泥土的芳香，驚歎波蘭文字的雋永。在流浪海外時，他的心仍扎根波蘭，珍惜那段情緣。在他的作品中，我們能感受到他對祖國的摯愛。想想我們自己的國家，我們是否追尋過她壯闊的山水、燦爛的文化？我們是否珍惜自己是一位炎黃子孫，並努力熱愛祖國、呵護我們的文化呢？追尋是為擁有，珍惜便是傳承，這是一切藝術最終的目的，將愛與美延續下去。

　　追尋本身艱辛，擁有卻也不是最終目的。擁有春色，便要讓梅花開遍人們的心懷。珍惜擁有的事物，不應讓它腐朽在自己的心中，而應讓它在更廣闊的空間滋長。托爾斯泰追尋平凡的生活，最終擁有了高貴的心靈，擁有了覺醒後的真善美，擁有了重生的另一個自我，他珍惜這種重生的感覺，於是他親手創立愛的宗教，將生命的熱望傳遞給人民。

　　生命的熱望是屬於春天的。通過追尋，我們發現春光明媚，於是無時無刻不是春天。對於學會珍惜的人來說，一切都來之不易，因此，追尋者化作那支梅花，鼓舞人們追尋，給予人們美景，教會人們珍惜，直至人們學會了驛寄梅花，那是一種傳承——追尋的終極意義。

　　是的，葉芝和托爾斯泰，他們身處不同時代，追尋不同的愛，在我們眼中，他們是詩人、作家，亦是追尋者、珍惜者，是最美的春色。

　　「盡日尋春不見春，芒鞋踏破嶺頭雲。歸來笑拈梅花嗅，春在枝頭已十分。」趁大好韶光，我們追尋春的腳步，珍惜花開花落中的生命之美，成為別人眼中的梅花，成為別人追尋的春色，讓我們自身的追尋與擁有成為永恆。

　　（高三作文）

「歸看梅花雪海香」，這是一個富有詩意的題目，由此出發，作者在第一段中就提出「珍惜」這個由「尋春」到「惜春」的話題。第三段在此基礎上談到如何珍惜，即「傳遞，是最無私的擁有，是最智慧的珍惜」。至此，作者加以引申——「春色，寓意人世間一切美好事物」，從葉芝到米沃什再到托爾斯泰，作者的積澱是很豐富的，用這些典型的事例來步步深入地論證「擁有卻也不是最終目的。擁有春色，便要讓梅花開遍人們的心懷。珍惜擁有的事物，不應讓它腐朽在自己的心中，而應讓它他在更廣闊的空間滋長」，這樣就擴大了文章的境界，層層深入，最後得出「珍惜花開花落中的生命之美，成為別人眼中的梅花，成為別人追尋的春色，讓我們自身的追尋與擁有成為永恆」這樣很高的立意，實為難得。

王素敏

【題目呈現】閱讀下面的文字，根據要求作文。

傳說有的雛鳥長大後，會銜食餵養衰老的母鳥，人們把此現象稱為「反哺」。人類社會也存在著類似現象，年青一代對年長一代的文化影響被稱為「文化反哺」。千百年來，在以父輩對子輩施教為主流的正統傳承方式下，文化反哺猶如潛流，隱而不顯。但在迅疾變化的當今世界，年輕人獲得了前所未有的反哺能力。他們在科學知識、價值觀念、生活方式、審美情趣等各個方面，越來越明顯地影響著年長一代。施教者與受教者之間，角色常常發生轉換。

請針對上述現象及所反映的問題，以「角色轉換之間」為標題寫一篇文章。

你可以講述故事，抒發情感，也可以發表見解。

注意：（1）角度自選，立意自定；（2）除詩歌外，文體不限；（3）不少於八百字；（4）不得抄襲。

【解題簡析】這是二○一○年浙江高考作文題，材料中需要關注的點多，寫作範圍限定較嚴格，因而審題難度較大，要注意：

1·理解概念要準確，即「角色轉換不等於角色改變」、「文化反哺不等於文化交流、碰撞、融合」；

2·「以『角色轉換之間』為標題寫一篇文章」之前有「請針對上述現象及所反映的問題」，因此，必須以所給材料為寫作背景和範圍，且關注材料中的「科學知識、價值觀念、生活方式、審美情趣」四個方面；

3·準確立意的角度要考慮：

★角色轉換對文化反哺（文化傳播）有怎樣積極的影響和意義；

★為什麼當今世界文化反哺現象如此明顯，即對時代的特點、產生的必然性應有深刻的思考。

因此，審題的準確程度決定觀點的準確度，決定文章的類別。而沒

扣文化反哺、泛泛談角色轉換、寫方法論，擴大寫作範圍談社會發展，從反哺出發寫孝道、親情、感恩，或過多地談傳統文化對年青一代的哺育，或寫家庭內部晚輩對長輩的影響、或大量寫作歷史材料，這樣審題成文是不可取的，應該以社會現實為出發點選擇寫作的主要素材和針對性，最為符合材料內容。

下面幾篇作文，從不同方面為同學們提供了參考和示範，有的長於觀點見解，有的長於材料論述，有的在如此硬朗的題目中不乏溫情湧動，有的則長於嚴謹的邏輯思維和文章結構與思路的清晰。不同特點，不同使用。

角色轉換之間

武凡

北京八中二〇一二屆，現就讀於首都師範大學。
當年小軒窗裡，玉蘭樹下，老師不止一次地教導我寫作文當「帶著枷鎖跳舞」；
而今學著地理，過著在山水間翩然起舞的日子，卻一次次地想念當年咬著筆頭思考
怎樣將腦海中跳躍的奇思妙想裝在「命題」的容器裡的模樣。

漫溯華夏文明悠悠五千載，雖弘揚尊師重教之美德，但實際上單從文化領域而言，「師」與「生」的界限並不那麼明顯。在一定條件下，師生的角色可以互相轉換，也便是所謂的「文化反哺」。

博採千家詩賦，風流百代文章。文化反哺早在古代就已存在，只是因為那嚴苛的倫理禮教三綱五常，文化反哺只能以一種隱忍的形式溫吞地苟且偷生。

遙望曾被李白美酒長歌的身影籠罩的宋代，歐陽修作詩填詞只求為自己的朝代在文學史上佔有一席之地，同時他更對蘇軾傾囊而授，更將文化領袖之衣缽相傳。而也正是蘇軾把清風明月換了宋人的名，讓宋朝街坊里巷皆歌宋人的令。在創作達到巔峰後，蘇軾搖身一變成為大師級人物，反過來提點了歐陽修的創作，亦通過這文化反哺點亮了整個宋朝的光輝。

不只蘇軾，韓愈的古文運動，白居易的新樂府運動，文壇的變革是文化反哺的一部分。他們反哺已是整個中國文化過往厚重的積澱，當年仰望先生遺風的學子，變成蒼蒼雲上一代宗師，正是這種角色轉換之間文化走向輝煌。

然而，無論是蘇軾、韓愈，還是白居易，那個年代的拘謹嚴苛使他們無法弘揚「文化反哺」這一逆流的旗幟；相比之下，生於當

下的我們則有著更好的反哺機會。

從小到大，我們無時無刻不被師長影響著，然而，隨著年齡的增長，我們學會了用自己的目光審視世界，也看到了更多的長者的視角不可體味、不能理解的東西，那是屬於這個新世界的激情與勇氣、熱情與衝動。

而幸運的是，我們可以轉換角色，將我們所看到的傳達給他們。

我們可以告訴他們互聯網是快捷的通信載體而不是所謂的「萬惡之源」，我們可以告訴他們流行歌曲亦可以傳達真情實意而不只是靡靡之音，我們也必須這麼做。

我們繼承了傳統文化太多的美好，而現在我們要將在新文化中感受到的東西反哺給舊文化，反哺給上一輩的人。

且讓我們轉換自己的角色，將我們體驗到的新文化潮流反哺給舊文化中的長輩。且讓當年的清風明月染上今朝的漫天星輝，且讓中華文化在這樣的角色轉換之間越發璀璨奪目。

（高三作文）

這是一篇思想、底蘊、情懷、語言俱佳的好文。首先，好在它的思想和底蘊，文章從「華夏文明悠悠五千載，弘揚尊師重教之美德」說起，起筆大闊，這說明該生有實力駕馭這麼廣大的領域，緊接著列舉傳統文化中的李白、歐陽修以及蘇軾，那麼恰當，彰顯著該生深厚的傳統文化底蘊。同時又不乏時代感，文章後半部分轉而寫當下的我們，說得自然親切，語言中又不乏「我們也必須這麼做」的風趣，字裡行間中透著作為當代青年的責任感和自豪感。像「博採千家詩賦，風流百代文章」、「文化反哺只能以一種隱忍的形式溫吞地苟且偷生」、「正是蘇

軾把清風明月換了宋人的名，讓宋朝街坊里巷皆歌宋人的令」
這樣典雅和雋永的語言，富有感染力和形象性，讀來讓人如沐
春風。

王素敏

角色轉換之間

孟桐竹

北京八中二〇一二屆，現就讀於中國政法大學。
我寫的字不夠雋秀，我寫的句子也很平凡，可一橫一豎一撇一捺，
都凝結自那些穿校服和紮馬尾辮的青蔥歲月，
都來自那些日子裡和我一起成長的他與她，當然，還有你。

在雛鳥反哺的溫情中，母鳥的生命得以延續；在社會文化反哺的現象背後，文化的血液被更新，教育的意義被擴充，人類的精神世界不斷延續並發展。

角色轉換了，曾經奮力從長輩身上汲取知識的我們開始「反哺」著他們，所以，我們的社會出現了網路用語的普遍化，業界精英的低齡化；同時，例如，搖滾樂、街舞等一些富有活力的文化新生事物正逐漸被長輩們接受與認同。因為「反哺」，文化的潮流不再由年輕人獨佔，他們被送回年長之人的手中，滋潤著心靈，增長著活力，豐富著生命。角色轉換讓舊有施教與受教的模式被打破，帶給文化許多未知的可能性、豐富性與多元性。轉換過程中，篩去糟粕，唯存精華。

然而，因角色轉換受益的，不僅是氣象不斷更新的文化產業。試想，若沒有雛鳥的反哺，母鳥怎樣安度晚年？同樣，沒有年輕人的文化反哺，文化如何傳承、延續？

因此，我們看重的應是角色轉換背後的價值。可以說文化反哺隱而不顯，默默地引領我們的文化前行多年，如今不可忽視的效果異常顯著，這是可喜的，因為它意味著教育內涵的歷史性豐富，為眾人明確教育目的，即無所謂知識傳播之形式，無所謂受教施教者

之間的地位關係，只要起到了文化載體之作用，便不負使命。

文化雖說在反哺，但最終卻達到了雙贏。樂於接受反哺的年長者，是文化傳承的根基；積極施行反哺的年輕者，是文化傳承的枝葉。有根則穩，有葉則活。更何況，年長、年輕總是相對而言，即便思想深遠睿智地說出「三人行，必有我師焉」的先哲孔子也曾是其先輩眼中的年輕人吧。終有一天角色轉換，枝葉化為沃土，沃土滋養新根。縱使這樣，文化的傳承卻不會因為角色改變而停止腳步。相反，正是角色不停地轉換，才保證文化在連綿的歲月中永葆青春。

教育是人類精神世界得以延續乃至永恆的途徑，更是實現文化平等的路徑。

角色可以轉換也必將轉換，轉換之間，文化從容不迫地發展著、豐富著。你會發現，文化才是最謙卑的受教者，它接受一切優秀的思想。我們反哺長輩，進行文化反哺，終也是反哺文化。我們曾受到文化的恩惠，日趨成熟，終用己所學去創新，再感恩地去反哺那包容又虛懷若谷的文化。

這便有了「反哺」最初含義中的溫情了。

（高三作文）

正如該生自己所說「這便有了『反哺』最初含義中的溫情了」，帶著感恩的心來思考這個富於理性的題目，並能娓娓道來，又有思想見地，是一篇不可多得的好文章。該生很會在論述基礎上得出結論，擲地有聲，有畫龍點睛的效果，如「轉換過程中，篩去糟粕，唯存精華」、「只要起到了文化載體之作用，便不負使命」、「文化雖說在反哺，但最終卻達到了雙贏」、「角色可以轉換也必將轉換，轉換之間，文化從容不迫地發展著，

豐富著」等這樣的話處處可見，這是源於該生對這個話題有著自己獨到而深刻的認識，從「文化反哺」的客觀存在到文化反哺的意義再到年輕人的責任等，內在邏輯性也很強，語言清新自然中不失典雅。

王素敏

角色轉換之間

周旭

北京八中二〇一二屆，現就讀於中國農業大學。
文字於我而言，絕不是應付考試的工具，而是自己成長道路的見證者。
先敬畏文字，再駕馭文字，用它雕琢時光，待到年華老去再來品讀，
才會別有一番風味。生活之美不過嘗世間百味，品甘醇抑或澀苦，
將往事點滴皆著墨，回首笑談中，拂去衣上紅塵土。

烏鴉反哺源於一份感恩，而「文化反哺」除此之外更源於一種時代需求。

古人已深知「師無長幼」的道理，然而，由於社會的封閉壓抑，施教者與受教者之間的角色轉換一度難以實現。中國曾憑藉數千年的歷史文化積澱，向日本傳播中華文化。然而，我們總以前輩姿態傲視的彈丸之國，卻在我們的忽視中將早在中國失傳的尺八藝術創新融合後再塑輝煌，更將從中國習得的「茶事」凝練成系統的茶道，將「和敬清寂」的思想傳向四方。曾經，我們忽視的這種「文化反哺」給歷史留下了太多的遺憾，在當今這個文化發展日新月異的時代，我們更需要接受「文化反哺」，需要在角色轉換之間汲取文化養分。

唐人韓愈一句「聞道有先後，術業有專攻」，道出了施教者與受教者的本質關係。長者當慣了施教者，因而忘記了師道本質在於由「己知」變為「眾知」。

因此，新時代中的父輩們需要重新認識師道本質，接受「文化反哺」的觀念和方式，習慣在角色轉換之間發現一個新世界。

「文化反哺」並不是要推翻父輩施教的舞臺，它只是給予父輩新思想、新理念的途徑，減少父輩與子輩間的隔閡。如果說文化的

一脈相承讓子輩的思想越發成熟與厚重，人格越發完善，那麼「文化反哺」則給子輩帶來了強烈的自信心與責任感，更多的是帶給父輩們重新煥發的活力、當代意識與自我意識。角色轉換之間，父輩與子輩的社會位置更加平衡，社會關係更加和諧，而父輩們作為最大的受益者，更應以積極的態度面對並接受「文化反哺」。

接受文化反哺，不僅是一代人的進步，更是社會文明發展的體現。角色轉換之間，時代思潮湧動，我們勢必迎來一個更加開放和自由的社會環境。中國曾經將火藥技術傳給西方，西方用它徹底結束了冷兵器時代，然而，我們卻不接受西方的新思想，依然把自己反鎖在東方，結果如火藥在夜空中綻放成的煙花般悲哀。不接受文化反哺是一種故步自封的思想，可喜的是我們中的很多人已能夠接受這種角色轉換，不再一味地以師者、長者自居，遠赴大洋彼岸求學，學習新鮮前沿的文化知識。能這樣接受「文化反哺」的社會是積極、自信而富有生命力的，它必將在時代中成為不可阻擋的潮流。

沒有永遠的施教者，也沒有永遠的受教者，懷著一顆感恩的心跟隨眼前的師者，努力探求創新以「反哺」你的師者。角色轉換之間，施教者與受教者形成「互哺」，共同創造時代的輝煌。

（高三作文）

這篇文章從古代「師無長幼」說起，以中日歷史上的「文化反哺」現象為主體事例，充分論述了施教者和受教者之間的文化反哺。這樣立論起點比較高，有一種歷史感和時代感。從歷史到現實，很有針對性地論述了文化反哺不僅有利於子輩更有利於父輩，尤其值得一提的是文章首尾均說到「懷著一顆感恩的心」來文化反哺，這就意味著文化反哺是在文化傳承基礎上的

另一種發展形勢，讀來很有溫暖的感覺。

王素敏

【題目呈現】閱讀下面文字，按要求作文。

詩人說，「白的花勝似綠的葉，濃的酒不如淡的茶」。的確，生活中有人偏愛白花淡茶般的素雅，不喜歡綠葉濃酒式的熱烈；其實，也有人偏愛濃酒綠葉般的濃重，不喜歡白花淡茶般的清淡。

這兩句詩觸發了你怎樣的聯想與思考？請自定角度，自行立意，自擬題目，寫一篇文章，除詩歌外，文體不限，不少於八百字。

【解題簡析】先讀讀下面這些片段，從中獲得一些啟發，思考這種帶有引申意味的關聯式題目該怎樣入題、立意：

★一顆豐富的心靈，必是兼具恬淡與熱烈。

少年之時總輕狂，哪個少年的心不是熾熱滾燙的？唱的是高歌，飲的是烈酒，恨不得乘長風破萬里浪，一日看盡長安花。

★濃，不是自傲的張揚，而是盡情揮灑生命的熱烈；淡，不是自甘平庸，而是閱盡世事後的謙卑冷靜。我們生命中需要如牡丹由怒放而萎地的不曾衰敗的氣節，需要如曇花一夜盛開般的生命張力；同樣也需要白色山茶花絕不開錯一朵的慎重理智，需要蓮花「出淤泥而不染，濯清漣而不妖」的高潔自持。

沒有淡的映襯，怎知濃的多彩？沒有經歷過生命的激情，又怎可知謙卑自持的可貴？正是因濃與淡在生命中交融，狂熱的宣洩與冷靜的凝結在精神世界中交匯，我們才能發覺生命的豐富，才能成就那不苟且、不俯就、不妥協、不媚俗的氣節與品格。

濃，是生命盡展其魅力的過程與方式；而淡，或許才是生命最終的目的與歸宿。

★如果說這份濃與淡的交織使瞿秋白自行將定格的生命推向了另一個高度，那麼對於陶淵明來說，濃淡人生他早已參悟，並以其一生去實踐。總以為，陶淵明便是那把酒對菊、悠然南山的一代隱士，但有一天突然發現他亦有詩云：

「刑天舞干戚，猛志固常在。」原來，陶淵明的淡只是他生命的一種存在形式，而並不是他的全部。他的濃藏在心裡，藏在那「猛志」裡，藏在他不輕易流露出的熱情裡。這是經歷人生波瀾後的歸於平靜，也是一種人生的大智慧和大境界，陶淵明向我們詮釋了真正的濃淡人生。

上面這些語段都寫出了自己對濃與淡的思考和感悟，同時又有文采和意蘊，是文章的精華所在，再看看下面的題目，也為文章添彩不少，耐人尋味：

《淡茶濃酒總相宜》、《濃墨淡彩畫人生》、《不以濃酒換茶清》、《清淡的人生同樣精彩》、《生命中，濃總要歸於淡》、《梨花清茶夜幕中》、《願為清茗》、《白花淡茶在心間》、《清淡深處的濃烈》、《生命的靜美與熱烈》、《濃淡皆生活》、《活出一抹濃豔》……

找到一個角度，或濃或淡，濃淡相宜，然後賦予一個形象的說法，語言精練，體現觀點，你也可以做到。

生命因純粹而精彩

武凡

北京八中二〇一二屆，現就讀於首都師範大學。

當年小軒窗裡，玉蘭樹下，老師不止一次地教導我寫作文當「帶著枷鎖跳舞」
；而今學著地理，過著在山水間翩然起舞的日子，卻一次次地想念當年咬著筆頭思
考怎樣將腦海中跳躍的奇思妙想裝在「命題」的容器裡的模樣。

詩人說「白的花勝似綠的葉，濃的酒不如淡的茶」，可熱烈飽
滿的綠葉同樣清透沁人心脾，馥鬱醇厚的美酒同樣芳香引人迷醉。

若說李白是那杯濃鬱的烈酒，杜甫就是那清苦的淡茶，前者飄
逸張揚、熱烈瀟灑，後者靜思深慮、安忍深刻，迥然相異的風格，
卻同樣留得千古的詩名。

可見，重要的不是生命是濃鬱還是淡雅，而是那濃鬱或淡雅是
否足夠純粹。

無論豔麗還是清淡的生命，重要的是將那份姿態演繹到百分之
百，只要葉夠綠，花夠白，酒夠濃，茶夠淡，只要生命的姿態足夠
純粹，它就注定因那份純粹而精彩。

純粹不是形式上眼花繚亂的絢麗色彩，也不是那索然寂寞的滿
目素白，這就像幽蘭邊的野草，模仿得來花莖的形貌，卻無論如何
也模仿不出蘭花綻放那一刻的姿態。

純粹發乎心，生乎情，它不只是形態上的模仿，而是一種生命
由內而外散發出來的格調。

像三毛一樣浪跡天涯，算不上濃鬱的純粹，那純粹應該是存在
於心底的執拗的關乎整個世界的恣肆狂蕩，繁花似錦的熾烈的夢；
像陶淵明一樣隱居田園，算不上清淡的純粹，那純粹應該是於喧囂

之中安守內心方寸靜謐的情懷。

比不純粹更可怕的是中庸。

也許處事可以中庸，但是生命不能中庸，四平八穩地搖擺在濃淡之間的生命，結局注定只有平庸。

濃鬱的生命姿態會有它的熾烈張揚，自由輝煌；淡雅的生命姿態會有它的清逸寧謐，沖淡自然。可搖擺在濃與淡之間的，所謂「中庸」的生命姿態，收穫的只有四平八穩卻不倫不類的平凡。

生命，它不會因濃鬱而變得過於濃膩灼人，亦不會因清雅而變得過於平淡冷清，生命只會因駁雜而蒼白、而無味、而失卻其本該有的詩意。

生命只有一次，我們必須作出選擇，那選擇是夏花絢爛還是秋葉靜美反而並不那麼重要，重要的是它是一個純粹的選擇。

紅有紅的熱烈，藍有藍的幽靜，很多種顏色混雜在一起就只會是讓人蹙眉的灰或黑。

選擇自己的生命吧，讓它有美酒明月、繁花綠葉的濃烈，抑或有清茶淡雲、幽草白花的清雅。

只要活得足夠純粹，無論是濃鬱抑或淡雅，都將是一首最美的詩，都將是生命最精彩的姿態。

酒因馥鬱而香醇，茶因清苦而淡雅，葉因飽滿而清新，花因素潔而靜美。

而生命，它因純粹而精彩。

（高三作文）

本文的觀點非常獨特，圍繞著「濃或淡」提出了「重要的不是生命是濃鬱還是淡雅，而是那濃鬱或淡雅是否足夠純粹」，很有自己的思考。文章前兩段分別說濃和淡各自的好處，然後第

三段突然一轉說或濃或淡都要純粹，緊接著從正反兩個方面講什麼是真正的純粹；進而指出「比不純粹更可怕的是中庸」。就這樣層層深入地提出並分析觀點，最後指出生命因純粹而精彩。顯然該生對「濃與淡」這個話題是有自己獨到的思考和理解的，這源於平時比較深厚的積累，這樣看到一個話題才能打開思路，斐然成章。

王素敏

未嘗濃烈枉一生

馬文玉

北京八中二〇一二屆，現就讀於清華大學。
細膩大氣和灑脫的文字，給人以鮮明的印象。
沒有女生嬌喘微微的柔弱，而是颯颯英姿，不甘人後。
有著獨立的思考、個性和出眾的才能。曾被評為清華領軍人物。

有人說：「白的花勝似綠的葉，濃的酒不如淡的茶。」自古以來，就有人鍾情平淡清遠，也有人推崇生命之轟轟烈烈，如淡茶濃酒一般，「濃與淡」象徵了兩種截然不同的人生態度。

「濃烈」的生活態度，不是毫無節制地放縱，而是可以敞開心扉去擁抱世間一切美與不美的胸懷，是對生活的摯愛。「濃烈」不是讓自己在現實的欲念與享樂中沉淪，而恰恰是肯為信念、為夢想死而無憾地堅定不移地追逐與尋覓的執著篤定。濃烈的生命，是活力四射、姿態昂揚的生命，他席卷著生命所能極盡的恣意、盎然鮮活的氣息，如同初升的旭日，催促著人們去追尋生命的意義。因而，濃烈的生活本應屬於花季的我們，在這每秒都是新奇的人生路上奔跑的我，更偏愛濃烈。

未嘗濃烈枉人生。梵古終其一生追求著生命最濃烈的色彩；翟墨不惜放下畫筆，揚帆環遊世界，去探究海洋的浩瀚，體會生命的壯闊，抱定濃烈的態度去追尋人生的意義與價值。與其躲在世界的角落，一生低吟，用微弱的螢火終年照亮著自己的一方天地，我寧願享受那轟轟烈烈的生命浩歌，哪怕像飛蛾撲火，只有一瞬的火光，也要揮灑生命的激情，極盡生命的意義。用熊熊火焰帶來哪怕一瞬的光明，用生命照亮生命，追求濃墨重彩的一生。

看，那在生活中不斷衝擊生命與詩歌極限的海子，他的人生不可謂不「濃」，他甚至以死的方式迫使人們重新審視詩歌的價值和生命的意義，雖然他年輕的生命戛然而止，但來年，人們卻看到「十個海子的復活」。他生命的意義極盡於此，倘若他一生平淡，再一百年，恐怕也活不出這「中國當代的神話」。「濃烈」的生活方式唱響了生命最激昂的讚歌。

有人說，生命總要歸於平淡，實則非也。平淡只是一種表象，就像波瀾不驚的海面下洶湧的激流，平淡下蘊藏的是更醇烈的「濃」。米勒安於貧窮，恰恰是因為他生命的意義寄託在對自然田園的深愛中，他用二十七年與他鍾愛的鄉村為伴，誰又能說這不是一種濃烈？生命終將歸結於濃縮與內斂後的精華，它從未被平淡取代，始終與我們生命的意義相伴。

所以，讓我們以滿腔的熱忱去追逐生的意義，擁抱生命的偉大與精彩吧！

我們的生命會綻放出最濃豔的花朵，為終有一天會消逝的短暫的一生留下最動人心魄的痕跡。

在淡與濃之間，我更偏愛濃烈。我寧願用盡生命全部的能量去渲染葉的一抹濃重的綠，也不願為生命的乏味與單調抱恨終生。

（高三作文）

讀完此文，有種被感染的激動和激情，這源於該生充滿激情與個性的觀點和表達。開篇先說「濃與淡象徵了兩種截然不同的人生態度」，然後說濃烈的生活態度不是什麼而是什麼，在此基礎上得出「在這每秒都是新奇的人生路上奔跑的我，更偏愛濃烈」的觀點，並進一步點題，這樣構思行文自然流暢。文章的後半部分主要列舉「海子」、「米勒」等人來證明他們的人

生是「濃烈」的，這才是人生的價值，最後再次強調「在淡與濃之間，我更偏愛濃烈」，凸顯個性與激情，這樣就啟示我們文題、個性與表達如何做到三位一體，有機結合，能感染讀者自然就是「優品」佳作。

王素敏

濃重與清淡

魏聞達

北京八中二〇一二屆，現就讀於美國伊利諾理工大學。
我清楚地記得高中時王老師曾給過我的作文「文如其人」的評價，
而我更願將這四個字調換順序，人如其文，古卷青燈下尋覓理想，
是我用一生追求的目標。

「白的花勝似綠的葉，濃的酒不如淡的茶。」的確，每個人的心中自有濃與淡的相合，它們各得其宜，各盡其妙；然而在紛繁的大千世界中，濃淡相互交融，交相輝映。

有人將藝術分為三類：一為洗眼之作，如中國古代文人畫中的山水之作，境界上達到了至清至淡；二為動魄之作，如蘇辛的豪放詞作，情感上達到了至濃；而第三類則是洗心之作，如朱耷的書畫，它用藝術的語言詮釋了濃淡的真諦，濃得壯美，淡得清遠，濃淡共同渲染出生命的詩情。

這樣看來，是否可以說：沒有洗眼之淡，又怎能體味到動魄之濃？沒有濃淡的相互激發，我們又怎能感受到藝術作品中震撼人心的精神力量與感人至深的人生韻味呢？

人的一生，不也是一件濃淡相間的藝術作品嗎？

止於清淡的人生是智者的人生，「眾鳥欣有托，吾亦愛吾廬」，簡陋的居室裡有真切的幸福。「花徑不曾緣客掃，蓬門今始為君開」，平淡的生活中有真摯的感情。智者在平淡中盛享人生的清涼，感悟生命的純真。然而，若未曾經歷過榮辱場上冷暖百態、體會過命運濃烈悲情色彩的人們，又怎能真正懂得平淡的美好呢？所以，情到濃時看似淡。

止於濃烈的人生是英雄的人生。我想起了古羅馬鬥獸場中擁抱死亡的基督徒，我想起了江心沉舟以自白的漁翁，我想起了割耳的梵古用濃彩與厚塗來愛這個嘲弄他的世界，我想起了挂著手杖的查理·卓別林用被戲謔的經歷來戲謔世間眾生相。還有，我還想起了「士為知己者死」的豫讓和「壯士一去兮不復還」的荊軻……士子們用他們濃烈的生命捍衛著義、信、恥、殉的文化傳統，然而，這些濃重的色彩渲染出的卻是精神上的「清潔」二字。所以，淡原來是濃凝結出的一顆赤子之心。

智者止於清淡而出於濃重，英雄用濃重的涅槃帶給世人清潔的精神。智者希望世人同他一樣睿智，然而，世間更多的仍是愚人；英雄希望世間沒有那麼多罪惡等待蕩滌，然而，往往事與願違。智者希望自己算不上智者，英雄希望世界不需要英雄。然而，我們的世界不是完美的世界，需要濃與淡來激濁揚善，來喚醒沉睡於平庸中的人們，讓詩意重歸他們的生命，讓每個人都能在平常乏味的「淡」處生發出豪情壯志的「濃」，在命運曆練的「濃」中悟到「寵辱不驚」的「淡」。

「濃妝淡抹總相宜」，濃與淡在對立中走向了統一。我們的生活在濃與淡的融合中變得更有韻味。世界在濃淡人生的交織中走向更美好的明天。

（高三作文）

這是一篇充滿理性的文章，能將這個比較「軟」性的題目寫成一篇比較「硬」性的作文，確實可見該生的駕馭能力和睿智。這裡所說的「軟與硬」是說一個題目比較容易寫成哪種風格，在考場上要盡力做到題目與文章「風格的統一」。本文的特點是從「智者的人生」和「英雄的人生」的角度來解讀淡與濃的

關係，巧妙地實現了「軟與硬」的統一，正如文中所說「濃與淡在對立中走向了統一」。同時又從「藝術的三類」說起，「人的一生，不也是一件濃淡相間的藝術作品嗎」，緊接著分段論述「止於清淡的人生是智者的人生」「止於濃烈的人生是英雄的人生」，層次分明，邏輯性很強。材料豐富的同時又沒有羅列之感，在於材料處理得詳略得當，非常可圈可點。

王素敏

濃重與清淡

胡博

北京八中二〇一二屆，現就讀於北京工業大學。
死生契闊，與子成說，是我對文字的喜愛。切磋琢磨，高山景行，
是我對文學的態度，更是我對生活的態度。珍惜愛自己的人，做最美好的自己。

詩人說，「白的花勝似綠的葉，濃的酒不如淡的茶」，這是看破之後的自在。

好的詩文，如淡茶一般，淡淡的苦，悠悠的甜，雖無濃酒那種熱烈與刺激，卻給人帶來長久的滋潤與無盡的回味。

人生如詩，其輝煌不在於狂熱的宣洩，而在於冷靜的凝結。「晚來天欲雪，能飲一杯無？」是誰的問，帶著平淡自然的友誼。「襄陽好風日，留醉與山翁。」是誰的吟，帶著樸素清淡的山野之風。所有人的生活不會缺少濃酒般的熱烈，真正可貴的則是濃酒過後歸於平淡的清茶的芳香。平淡可以讓人在安靜中盛享人世的清涼，你可以獨處，可以群居，可以慵讀聊齋，可以相對品茗。在平淡的生活中，你學會了思考，學會了獲得，那份從容大氣，那份舒適安然，是濃酒褪去泛起的茶香。

正如那些愛飲酒的文人，我們的生活可以是熱烈而濃重的，但心卻一定要保持素雅清淡。畢竟絲竹亂耳、案牘勞形是我們生活的常態，但如果我們的心隨之或悲或喜，或沉或浮，又怎能擁有踏實而長久的美好生活狀態呢？

其實，無論是濃烈的美酒人生，還是清淡的茶香人生，我們可以選擇的都只是生活方式，而真正決定我們生活狀態幸福與否的，

是我們的心靈與精神世界。孔子盛讚顏回身居陋巷而不改其樂，他把清淡甚至貧寒的生活過得精彩。流傳千古的並不是他賴以生存的一簞食，一瓢飲，而是他平淡安寧的內心，千年後仍泛起淡淡的餘香。與顏回的小日子相比，王安石的一生算得上大氣跌宕，他留名千載，同樣不只是因為某一次變法或是某一篇詩文，而是他在複雜政治鬥爭中仍然保有純淨質樸的詩心，這才是難能可貴的，以清淡的心靈去支配濃重的生活。

還記得那個「為賦新詞強說愁」的少年嗎？

還記得那個「卻道天涼好個秋」的老人嗎？

人生際遇浮沉，阡陌之間，茶和酒都變了味，酒的濃變成了淡，茶的苦變成了甜。濃重向清淡的轉化，是一個人走向成熟的自然狀態。在龍應台的平凡「目送」中，我甚至看到了許多偉大的影子。面對生活，他們顯得從容而寧靜，只是那份成熟背後的綿長的哀傷與短暫的幸福又有誰能體味呢？

人老了，臉上泛起重重的皺紋，心卻越發單純了，這是一次回歸，亦是一次覺醒。正如茶和酒，我們反覆品嘗後，才發覺它們餘味最真。

因此，無論濃重與清淡，我們都要坦然面對，它們並無明顯的好壞之分，只是一種轉化，一種圓滿的關係吧，畢竟只有看破濃酒之酒，方能自在於清淡之茶。君若能看破，方清淡真心。

（高三作文）

本文娓娓道來中流淌著一種溫厚的情懷和踏實的厚重，這與作者的思想與情懷的培育不無關係。這篇文章讓我們思考「做人」與「作文」的關係。同時本文又不是枯燥的說教，富於意蘊的語句比比皆是，「白的花勝似綠的葉，濃的酒不如淡的茶，這

是看破之後的自在」、「無論是濃烈的美酒人生，還是清淡的茶香人生，我們可以選擇的都只是生活方式」、「濃重向清淡的轉化，是一個人走向成熟的自然狀態」、「它們並無明顯的好壞之分，只是一種轉化，一種圓滿的關係吧」，這些句子不時地撞擊著我們的心靈，而文中「是誰的問」、「是誰的吟」等處彰顯著的詩詞底蘊，以及顏回、王安石和龍應台等的信手拈來的使用，讓我們備感親切自然。文章也是極有層次、流暢而令人回味的。

王素敏

【題目呈現】請以「比_____更寶貴的」作為題目，寫一篇不少於八百字的文章。除詩歌外，文體不限。

【解題簡析】這是一個半命題的作文，題目的要點主要是「比」、「更」和「寶貴」，即含有比較的意味。如果橫線處填寫富有新意，那麼作文就成功一大半了。同時寫作時還要注意這個題目的思辨性比較強，要求闡發過程中注意比較和辯證地看問題，角度很重要。請看下面幾個示例：

★比夢想更寶貴的是信仰（行動）

★比讚美更寶貴的是原諒（批判）

★比錦上添花更寶貴的是雪中送炭

★比吶喊更寶貴的是行動

★比位置更寶貴的是方向（姿態）

★比追逐更寶貴的是超越

★比探尋生活的意義更寶貴的是生活本身

★比歡笑更寶貴的是淚水

★比才智更寶貴的是品格（氣節）

★比質疑更寶貴的是信任

★比擁有更寶貴的是給予

★比幫助更寶貴的是尊重

★比改進更寶貴的是創造

★比亡羊補牢更寶貴的是未雨綢繆

★ 比競爭更寶貴的是合作下面這些片段或文章，會讓我們從中獲益。

比城市生活更寶貴的

胡博

北京八中二〇一二屆，現就讀於北京工業大學。

死生契闊，與子成說，是我對文字的喜愛。切磋琢磨，高山景行，

是我對文學的態度，更是我對生活的態度。珍惜愛自己的人，做最美好的自己。

　　城市生活是寶貴的，它給予我們極大的物質享受，而比燈紅酒綠的城市生活更寶貴的，是風輕雲淡的鄉村生活。正如英國詩人庫伯所說：「上帝創造了鄉村，人類創造了城市。」

　　在鄉村中，時間保持著上帝創造時的形態，它是歲月和光陰；在城市裡，時間卻被抽象成了日曆和數字，被繁忙的工作偷走了時光，被浮華的生活耗去了精力，我們又怎能擁有一個豐富的人生！生活節奏加快了，可誰又想過生活究竟是什麼？在日曆背後，是城市人無盡的辛酸。事業、生活這些能給予我們歡樂的事物是活在歲月深度裡的，而數字卻只是一張旅行表，有目的地，卻沒有沿途的風景，自然我們也就不會有欣賞風景的閒適的心情。

　　在鄉村中，時光放慢腳步，於是有了日出日落、四季更替。生活在大自然中，是城市人嚮往的寶貴生活經歷。她是一個中國女孩，在去了巴黎之後，她最終決定在阿爾卑斯山腳下的鄉村中定居，並寫成了《隱居法國》這本書。難以想像，隱居對一個年輕人意味著什麼。想必那種鄉間生活不會缺少安靜，不會缺少美麗，更不會缺少幸福。城市中更多的是短暫的刺激，鄉村中更多的是恒久的溫暖。我們對前者有需求，但更需要後者。在鄉村中的一切，都是長久的，給人持續不斷的關懷。對於每一個人來說，能擺脫紛

擾，從容而灑脫地生活，這一定是比城市生活更寶貴的，我們可以不再為生活而活著，春天裡的融雪和歸來的候鳥，秋天裡的落葉和收割的莊稼，這些寶貴的自然之美與生之氣息，要在城市何處尋覓？

鄉村生活在泥濘中脫胎，在黃土上繁衍，少了鋼筋水泥的堅硬和冰冷，多了些許的脈脈溫情。在鄉村中，人們不再抱怨生活枯燥乏味，一片景致就能給人持久的欣喜。於是，人們漸漸懂得了生命的寶貴，決意珍惜這難得的鄉村生活。在鄉村中生活，以真面目示人。對森林傾訴，與麥浪共舞，沒有猜疑，沒有局促。每一個經歷過沉重的人都渴望這種輕鬆，每一個在城市中生活久的人都渴望更寶貴的鄉村生活。

城市可以為家，而鄉村才是故鄉。漂泊在外，我們都是遊子。風雨兼程，我們只是想要回到故鄉。我們知道，那裡的生活比現實更寶貴，與自然更和諧，與人們更親近、更輕鬆、更踏實，心靈也更自由。

可是又有多少人能回到鄉村，回到那個我們來時的地方呢？不妨就帶著村莊上路吧，將沿途的風景，都珍藏在心間。鄉村生活給予我們的從容和淡泊讓我們坦然於城市生活的奔忙。我們應該記得，每座城市都由鄉村演變而來，都受到鄉村的滋養，鄉村並不遙遠。

我願意付出，更願意辛勞，因為我終會回去，隨田野的風，體味鄉間生活的滋味。我始終相信，比城市生活更寶貴的，是鄉間流動的光陰的故事，沒有起點，更不會結束。

（高三作文）

這是一篇充滿深情與人文色彩的「優品佳作」，文中處處散落著作者的深刻獨到的哲思，直抵我們的心田，真切而細膩。「在鄉村中，時間是歲月和光陰；在城市裡，時間卻被抽象成了日曆和數字」、「城市中更多的是短暫的刺激，鄉村中更多的是恒久的溫暖」、「城市可以為家，而鄉村才是故鄉」、「每座城市都由鄉村演變而來，都受到鄉村的滋養，鄉村並不遙遠」這些閃光的句子背後是顆澄澈的心。作者處處將城市與鄉村作比較，字裡行間透露出對鄉村生活的嚮往，尤其難能可貴的是作者結尾說「我願意付出，更願意辛勞」，對於久居城市而心靈變得疲憊和麻木的我們來說，是一種靈魂的召喚和反思，富於感染力和啟發性。

王素敏

【附】

片段一：比清明的眼淚更寶貴的是溫厚的心

「眼因多流淚水而愈益清明，心因飽經憂患而愈益溫厚。」憂患、苦難使人流下眼淚，這眼淚潤濕了乾涸的眼眶，更敲開了閉鎖的心扉，洗去心靈的塵灰。

這眼淚誠然寶貴，然而比它更寶貴的便是那顆被溫潤淚水感化的溫厚的心。感人的作品令人不禁落淚。然而一個真正偉大的作家深知，煽情不是目的，而是一個表達和傳遞思想的途徑，讓自己發自心靈的思想抵達人們的心才是寫作的最終目的。當你守著紙巾熬夜追隨冗長又千篇一律的韓劇時，當你為流行小說中某個悲情的插曲黯然神傷時，你可曾想過，這眼淚可曾洗刷過你的心靈？一個為情節而哭泣而非為心靈或生命本身而傷感的人不可謂有溫厚之心的人，不過是在以無用的淚水作為日益麻木的心靈的慰藉罷了。淚水枯涸與氾濫的背後，都是一顆緊閉又冷漠的心。為了獲得眼淚而麻木心靈，實乃捨本逐末之舉。因此，我真誠地呼籲，心靈尚餘溫存的作家們，請將作品視為心靈的藝術，而不是借催淚賣作的賺錢工具。讀者們，請擦亮雙眼，讀讀那些真正挖掘人性本質的經典作品，用清明的淚水洗刷清涼的眼，透過書頁觸碰另一個溫厚的心靈，比清明的眼淚更寶貴的是溫厚的心，莫讓眼淚模糊了視野，要透過淚水洗刷與滋潤心靈。

（李鳴岳，北京八中 2012 屆）

片段二：比空谷幽蘭更寶貴的是蓮出淤泥而不染

空谷幽蘭，遠離塵囂，蘭花獨自開在崇山峻嶺之間。如蘭花般超凡脫俗的君子們，有著遺世獨立的高尚品性，這份品性是可貴的。然而相比蓮花出淤泥而不染的自我堅守，蘭花於幽谷的自持便略遜一籌了。蓮花身處淤泥卻潔身自立，亭亭淨植，這份堅守和高潔顯得更加寶貴。當人們面對官場污濁紛紛選擇退回幽谷獨善其身時，那些能在污濁之中堅守清潔，有志兼濟天下的人便顯得更加寶貴。由此看來，在清幽環境中的純潔要比污泥之中的純潔更簡單。我們往往歌頌隱士，卻忘了那些為官清廉之人身上更可貴的品質——不同流合污，堅守清潔，為改變社會作一點點貢獻。

（孔德昕，北京八中 2012 屆）

片段三：比同情更寶貴的是理解同情

是一種很可貴的善意，它出於每個人給予弱者關懷的善良的本性。然而，同情的出發點往往仍在行善者本身，為了不愧對自己的良心給弱者一些幫助，像是一種施捨。理解則不然，它像同情一樣傳達善意，卻是以更親和、更智慧的方式，它的出發點是那些需要幫助的人，設身處地地體察他們的感受，才能給予他們最需要的明。更可貴的是，理解是建立在人人平等的基礎上的，是一種把他人看作自己的胸懷，讓困境中的人感受溫暖又不會難堪。如果說同情讓世界多了一點善，那麼理解就讓世界多了一點美。可見，比同情更寶貴的是理解。

（祁盈，北京八中 2012 屆）

片段四：比風度更寶貴的是風骨

風度，是無論成與敗、輸與贏都不改變的翩翩之姿，是勝不

驕、敗不餒的處事泰然。風度已然得之不易，然而比風度更寶貴的是風骨。有風度者，無論得失都能面不改色；有風骨者，無論榮辱都能心如止水。同樣是不起波瀾，前者是在面色，後者卻是在心境。有風度者，順境不能使其自得，逆境不能使其畏懼；而有風骨者，順與逆、得與失在其眼中已無區別，更不入其心，所觀是宇宙之博大，所察是世間萬象，浩渺融於心中，淡然刻在骨裡。風骨，是猝然臨之而不驚、無故加之而不怒；風骨，是自其不變者觀之，物與我皆無盡也。

有風度者，依然君子；有風骨者，近乎聖人。

（張湛，北京八中 2012 屆）

片段五：比相守更寶貴的是遙記

比相守更寶貴的是遙記。月有圓缺，人有離合。不完滿的是人生，更是愛情。或許是前緣不夠，換不來此生相守。命運讓我們只能各安天涯，現實讓我們在遺憾中白首。相守固然可貴，那是兩個人相互包容、相互習慣的結果。然而比相守更可貴的是遙記。我們不見面，甚至不來電，就讓距離去考驗我們是否依然相念。人在天南，心在地北，遙記是無法掩飾也無法抑制的感情最溫柔而真摯的宣洩。誰說相愛最好的結果就是相守？與其做灘塗上相濡以沫的癡魚，不如不去強求。相忘於江湖不是真的相忘，只是換了思念的方式，不讓我游動激起的水波撩動你脆弱的鱗片，而是在遠方的清流中遙想你遨遊的身姿使湖面微瀾。不強求相守，因為不願你受一點傷害，只望遙寄給你一切美好的祈願。

學會遙記便是學會接受遺憾，學會成熟的給予，學會享受不能相守的愛情。遙記比相守更寶貴，因為它沉澱著愛情，凝結著愛情，不折磨愛情。當你以為時光已隨逝水不復，對生活的激情已在

青春中寂滅，遙記起遠方那人便可一笑釋然，只因我愛未歇。任一切在平淡的相守中褪色，這份遙記依然因有缺憾而美得鮮亮。

（周旭，北京八中 2012 屆）

片段六：比沉默更寶貴的是全力的吶喊

俗話說：「沉默是金。」的確，在如今這個日益浮躁的社會中面對著彌漫的利益與權力的空氣，面對著人與人之間相互的猜疑與越發顯露的社會的醜惡面，我們不隨聲附和，保持沉默，固然是難能可貴的。但我卻要說，比沉默更寶貴的是全力的吶喊。

當下社會，有時候連保持沉默都是困難的。網路上曾經大炒某中學女生「裸跳」事件，對於該女生的死因可謂眾說紛紜，沸沸揚揚。我們自認為這是為了找尋真相，還死者一個明白。然而這與當年魯迅筆下圍觀同胞被砍頭的人們何異？一些無聊的看客在無關痛癢的地方妄加一些不負責任的評論，藉此吸引更多無聊的看客，嘩眾取寵。這何嘗不是對人性的踐踏！在此時能保持一份沉默便是難能可貴的。不對一個一無所知的生命妄加評論，不歪曲事實，便已經是對當事人莫大的尊重了。

是沉默使靈魂在浮躁中積澱凝聚，使心靈在喧鬧中回歸安靜。然而卻是全力的吶喊使凝聚的靈魂得以昇華、綻放，使安靜的心靈得以散發光芒。

全力的吶喊源自沉默中冷靜的思考。左拉在沉默中尋找事件的真相，所以用沉默後的吶喊震動了整個法蘭西；魯迅在沉默中不斷地深思，所以用沉默後的吶喊驚醒了沉睡中的國民；馮驥才在沉默中探求文化衰落的原委，所以用沉默後的吶喊喚起了人們對於傳統文化的重視。

所以說，沉默固然是可貴的，但是比沉默更寶貴的卻是沉默過

後那全力的吶喊。

　　是沉默使思想變得穩重，卻是吶喊使這穩重的思想得以傳播；是沉默使心靈變得成熟，卻是吶喊使這份成熟散發魅力和力量。

　　在沉默中積蓄安靜的力量，需要用吶喊來爆發。這份安靜的力量使我們遠離世間的紛擾與欲望，為我們的心靈守護一方淨土，卻無法從本質上驅散這彌漫在世間的紛擾與欲望。唯有當我們全力地吶喊，這份安靜的力量才不再孤獨，以星星之火的燎原之勢，點亮一個又一個迷惘的心靈。當這吶喊聲迴響在每一個人的心中，才能真正在當今的社會奏響一曲生命的浩歌！

　　比沉默更寶貴的是全力而發自內心的吶喊！

（殷子樵，北京八中 2012 屆）

意在筆先
——「優品作文」之關鍵

　　生活與閱讀是作文的兩大來源，我們必須不斷地從書本和生活中獲取寫作的靈感和素材，然後提煉觀點，形成自己對人、對事、對物的正確看法，這種看法應該符合主流的價值取向，做到多角度、辯證地分析。要麼從材料出發把握材料的中心，然後提煉形成主題詞或觀點；要麼對話題的內涵和外延給予準確、具體和清晰的界定，寫出自己的思考和情感來。

一、突破審題的瓶頸

　　一個材料或話題往往是多角度的，其中必有一個或幾個是最符合命題題意的；如果我們在審題時思考怎樣找到適合表現自己積累和寫作水準的一種方法或一個立意角度，作文往往就事半功倍了；然後再思考怎樣入題、切題，進而超越他人。審題時要不斷提醒自己「一個角度就是一個立意（主題），實際上材料對主題是有限制的」，這樣就可以讓審題突破展示才華的瓶頸，駕馭題意。

　　1‧審題立意的原則

　　★基於材料，要準確理解材料，不能節外生枝，主觀臆測；

★考慮自己，找到展示自己學識才情的空間，不要面面俱到，而要集中一點，突出題意。

【示例1】閱讀「勇敢的冰魚」這則材料──

水從高原流下，自西向東，流入渤海。渤海的一條魚逆流而上。

它一會兒越過淺灘，一會兒沖過急流，穿過湖泊中層層的漁網，躲過了無數水鳥的追逐。它不停地遊，最後越過山澗，擠過石罅，游上了高原冰川。

然而，它還沒來得及發出一聲歡呼，瞬間就被凍成了「冰魚」，但它仍然保持著飛翔的姿勢。

「這的確是一條勇敢的魚，它逆流而上，衝破重重困難，終於達到了自己的目的地，雖死無憾。」一位年輕人感歎說。

「它沒有正確的方向，它極端逆向的追求，最後得到的只能是死亡。」一位老者歎息說。

審題解析：

★渤海之魚勇敢就勇敢在它走出了固有的生存環境，選擇了與祖輩不同的生命方式，它的行為是一種超越，是對本族群長期形成的生命狀態的超越。

★渤海之魚雖然被凍成了「冰魚」，但它保持著飛翔的姿勢，將自己的美好形象定格於歷史的相框中。生命短暫，而精神永恆。

★渤海之魚成了冰魚，這結局是悲劇，但它的生命過程分外精彩，一路過淺灘，沖急流，穿漁網，躲水鳥，過山澗，擠石罅，上高原，覽冰川，美在過程。人生亦如此，短暫中追求過程的精彩輝煌。

★渤海之魚雖然精神可嘉，但方向錯誤，任性隨意，為一時的激情所促，走上了一條不歸路。這啟發我們，立志要適合自身的條件，不要盲目奮鬥。

★挑戰自我是可以的，但不要走極端，適可而止才是智慧的人生策

略。假如渤海之魚達到一定的高度後審視前途，稍作停息，休整鍛鍊，待體能恢復、能力提高后再作更高遠的追求，就不僅能夠延長生命，而且可能游得更遠。

2．審題立意的過程

★材料作文的思考過程就是解讀材料、準確理解主旨的過程，這裡首要的前提是準確理解和概括。

★因果溯源，從具象中抽象出本質或根源，作為立意的基礎；

★只有完成了抽象概括、聯想引申，思路才能打開，才能由此及彼、由表及裡、推己及人等；

★聯繫生活現象，闡發某種觀點，尋找共性或意義。

【示例2】請看下面這個題目：

吳慶恒，昆明市一名普通的退休工人，無兒無女，獨居城郊，生活清貧。一九八五年十一月的一天，老人在翠湖邊遇到了一群從未見過的「客人」——從遙遠的西伯利亞飛來覓食越冬的紅嘴鷗。此後連續十個冬季，老人風雨無阻，每天往返三十多公里，步行去翠湖公園餵鳥。退休工資微薄，為了省錢給海鷗買食，老人節衣縮食，常常是灌一瓶茶水，帶兩個饅頭，從不肯花五角錢乘公共汽車。紅嘴鷗胸脯雪白，成群飛起來時就像無數的雪片在空中飛舞，「翠湖觀鷗」成了冬日昆明一道迷人的風景。一九九五年十二月二十日，患病的老人，在他簡陋的小屋裡靜靜地離開了人世。一位拍攝過老人餵鳥照片的攝影家，把老人的照片放大後放在湖邊的草地上。霎時間，海鷗翔集在老人的遺像周圍，引頸長鳴，聲震翠湖，觀者無不動容。一些昆明市民自發地接了老人的「班」，堅持自費買食餵鳥兒，美麗的紅嘴鷗也年年如期而至。在老人去世十週年時，人們自發提議、捐資，在湖邊為老人修建了一座青銅雕像。

這個題目的特點是立意角度的多元與開放，細細想來，有如下角

度：

（1）老人：

★普通與偉大（平凡與不凡）

★清貧與富有（奉獻）

★堅韌與成就

★有這樣一種愛（愛的內涵）

★當我們離去的時候（生命的意義）

★善良、善行善舉

（2）市民：

★感動（文中有「觀者無不動容」句）

★榜樣的作用（力量）

★有些人，人們不會忘記

（3）海鷗：

★感恩（回報）

（4）全面：人與自然的和諧

於是，作文立意就可以呈現出下面的多姿多彩：

★愛的英雄──心靈的強者──熱愛生活，境遇並不重要

★人性的善良──老人與鷗──人與人友善──持之以恆──社會
美好

★大愛無疆──人與自然──心中有愛所以偉大

★愛讓世界更加美麗──愛的付出──愛的回報──愛的傳遞

★感恩的心

★愛滿人間──小善積聚精神力量──感動──弱小與偉大

★論接班──將有意義的事情延續下去──讓文明延續

★堅持做一件平凡小事──不圖回報

★奉獻──人格的高度──人生的厚度──快樂會傳遞

★愛是最迷人的風景──是人類永恆的話題──人間溫暖──帶來和諧、快樂

★十年之約──海鷗的等候──有愛有承諾等候下去──愛與承諾要傳遞

★真情付出才有回報──付出與回報（他人、社會）

……

二、把握寫作的目的：變要我寫為我要寫

我們知道，讀寫結合是作文的內容和路徑，會讀才會寫。在完成了審題之後，我們就要善於尋找題目和自身的最佳結合點，即實現「要我寫」和「我能寫」的有機統一。所以，一個題目往往立意的角度是多方面的，一定要認真分析、確定最佳的角度，從「閱讀感悟和生活體驗」中來，這樣作文就成功一半了。

【示例3】請看下面一個作文題：

請以《生活告訴我＿＿＿＿＿＿＿》為題寫一篇不少於八百字的文章。

注意：在橫線上補充完整，自選角度，自定立意。

審題解析：

這是一道半命題的題目，開放性強，寫作空間很大，既能考查同學們平時的生活和思想積累，又能考查同學們在考場上駕馭題目、迅速成文的能力，是平時作文中的「軟肋」，因此，寫好這類作文的難度較大，訓練價值也更大。所以，同學們要善於整合自己作文的優勢，掃除自己作文「盲區」，剝繭抽絲、提綱挈領，把握題目特點。

1‧審題是關鍵

審題是作文成功的第一步，它不只存在於材料作文中，很多時候話題或命題作文中同樣重要。關鍵是要解決題目要求我「寫什麼」「怎麼寫」

的問題，做到「帶著鐐銬跳舞」。

★首先，發現關鍵字「生活」、「我」和「橫線處要填寫的內容」；

★然後，進一步思考三者之間應該有怎樣的聯繫：「我」從具體的生活中感悟到了什麼，重點是感悟道理，是要「因事見理」，所以橫線處最好填寫一句話，這句話理應是本文的主旨句，是這個題目的命意所在：引導同學們對生活有一種理性的思考和評判，而非簡單地再現生活事件或生活場景，做到關注現實、關注題目的有機統一。

★最後，構思時做到「大題小做」，作文中清晰地展現出從「虛」（沒有限制）到「實」（確立角度）再到「虛」（事理本質）這樣一個認識過程和思維流程。

2・素材精選擇

往往舉例時言必稱古代，似乎只有古代的例子才能解決現實問題，其實這是一種誤解，同時也暴露出這方面大家平時思考關注的不夠，因而在考場上碰到這類題目時「囊中羞澀」，無奈之下匆匆宿構成文，結果往往言不由衷或詞不達意。

解決之道：

★梳理並思考古代事例的現實意義，對現實生活問題進行理性思辨，多問為什麼；

★在現實中審視自己，準確定位「我是誰」、「我要做什麼」、「我該怎麼做」等，在分析材料時注意結合自己的體會和認識，只有平時有所思，作文時才會思如泉湧。

3・立意明角度

上面提到的「寫什麼」是就內容而言的，具體包括觀點和材料，文章要做到言之有物，首先要有觀點，即古人強調的「意在筆先」，是要用觀點來統率材料而非為了材料確立觀點，不能本末倒置；如果漠視現實生活，作文自然就成了無的放矢的乾癟的說教。

因而，立意時要做到「頂天立地」——

★「天」是題目的命意和深刻的思想；

★「地」是現實自身，腳踏實地才能有感而發，從而贏得閱卷老師的好感。

哲學家維特根斯坦說：「我貼在地面步行，不在雲端跳舞。」這句名言寓意深刻，值得我們品味。

【示例4】從〈生活告訴我生命需要尊嚴〉（「磨難是一筆財富」等）題目獲得啟發，舉一反三：

這也是一種＿＿＿＿＿＿，請先在橫線上填上適當的詞語，然後寫一篇不少於八百字的文章。（範文見後）

好文章不拘一格，關鍵是要在題目、自身、生活之間尋找內在聯繫或平衡點，如果做到「意在筆先」，那麼「舞臺」越大，「舞姿」越美，大家就會讓自己的未來和生命在作文的舞臺上翩翩起舞，相信同學們的睿智和才思。

【題目呈現】閱讀下面的文字，根據要求作文。

還記得你的童年嗎？隨著年齡的增長和思想的成熟，那些美麗的夢想、單純的快樂似乎在一步步離我們遠去。

蒼茫的叢林間，瑪雅文化湮沒了；絲綢古道上，高昌古國消逝了。人類在消逝中進步。

行走在消逝中，既有「流水落花春去也」的悵惘，也有「誰道人生無再少」的曠達……

讀了上面這段文字，你有何感想？請以「行走在消逝中」為話題寫一篇作文，可講述你自己或身邊的故事，抒發你的真情實感，也可以闡明你的思想觀點。

注意：（1）所寫內容必須在話題範圍之內；（2）立意自定，角度自選，題目自擬；（3）除詩歌外，文體不限；（4）不少於八百字；（5）不得抄襲。

【解題簡析】題目中的信息點比較多，而且彼此有著內在聯繫，因而審題的難度較大。

這樣的文題，需要我們提煉要點，然後分析要點間的關係。

★第一段：說人生成長中的消逝，是「思想的成熟」和「美麗的夢想、單純的快樂」之間的關係；

★第二段：說人類文化上的消逝，是「遠古文明」和「人類進步」之間的關係；以上是「消逝」的兩大方面，審題時還需弄清「行走」是一種動態，「消逝」同樣是一種動態。結合第一、二兩段，分析「年齡的增長和思想的成熟」是行走，那麼「美麗的夢想、單純的快樂」的遠離就是一種「消逝」，該如何看待？「瑪雅文化、高昌古國」消逝了，人類進步就是一種不可阻擋的「行走」，該如何處理兩者複雜的關係？

★第三段：人們對「消逝」的態度——「悵惘」和「曠達」，需要思考回答的是「悵惘」和「曠達」的不同對象。「消逝」是略帶傷感的

字眼，需要我們分析其不同內涵，哪些消逝讓我們無奈傷感，哪些消逝不可阻擋、是一種必然甚至進步，因而不必感傷。

　　下面這幾篇文章，對「行走」和「消逝」的內涵和外延的理解以及成文均有獨到而精彩的分析，值得學習和借鑒。最後附有一位同學對這個話題和自己作文時感受的附記，從中我們也可以感悟自己寫作時的心理。

行走在消逝中

北京八中二〇一二屆，現就讀於臺灣輔仁大學。
我熱愛傳統文化，古老的唐詩宋詞中細膩而又充盈的美好情感滋潤著我的心靈，
讓我用一個全新的視角審視生命中的飛花落葉，願詩意地棲居。

　　消逝，是一個帶著憂傷的詞，是秋日枯黃的落葉，落地時還帶著讓人心痛的溫度。行走在消逝中，我彷彿聽到了孔子的木車漸漸遠去的聲音，我彷彿看到老子出關的身影在黃沙中朦朧一片，我彷彿感受得到王國維投湖時湖面哀婉的漣漪。

　　行走在消逝中，我們不得不接受一次次的告別，告別單純的童年，告別敬愛的長輩，告別古之聖賢，告別一個個盛世流光。彷彿前一刻還是灼灼其華的桃之夭夭，轉眼間就是夕陽下的烏衣巷口，俯仰之間已為陳跡，回首已是百年身。

　　蘇軾說：「人生到處知何似，應似飛鴻踏雪泥。泥上偶然留指爪，鴻飛那復計東西。」飛鴻消逝了，還留有雪地上的爪痕。聖賢尊長，盛世華光，他們的消逝，怎能在我們的心裡不留有永久的印跡？那是生命遠古的迴響。

　　消逝只不過是一種暫時的告別罷了。消逝而去的不是隨風四散，而是化作歲月的年輪。只需要我們用心體悟，便會感到他們永遠陪伴在身邊，在我們滾熱的血管裡不息地流動著那永遠的基因。

　　詩詞的年代消逝而去，但哪個炎黃子孫在中秋時不望月懷遠、思念親人？孔子的木車消逝而去，但哪個學子心中沒有孔子堅定向前的信念，沒有「有朋自遠方來，不亦樂乎」的真誠？王國維的身

1
1
5

影所濺起的浪花早已風乾在歷史中，但哪個古典詩詞的吟誦中沒有「有我之境和無我之境」的絕響。這個最後的士子的消逝，又怎不讓人在提起中華文化之燦爛時不憶故園之情？

原來，他們還在。當我們低首沉吟時，仍然能看到一位位先人在開拓思想的荒原時堅定的身影；當我們彷徨迷失時，仍然能從他們的足跡中找到引領前路的曙光；當我們消沉困頓時，總能從心底感受到他們篳路藍縷、以啟山林的熱情。

那麼，他們的消逝不是永遠，而是以一種另外的方式在現在和未來的時空中行走，直至永恆。

行走在消逝中，我漸漸明白，桃之夭夭，轉瞬消逝，不是無情，而是化作護花的春泥。路之漫漫，其修亦遠，回望來時，更知欲向何方求索。一個個波瀾壯闊的大時代落幕了，一個個閃耀著光華的大人物隱去了，他們的精神，他們一路走來的積澱，都是我們創造新生的沃土。我們要做的是從消逝中創造出新的輝煌。這輝煌，也將讓消逝後的我們在歷史的芳林中永生。

行走在消逝中，緬懷之餘，我們更需要審視自己的足跡，奉上我們的成果，這是對歷史的尊重，更是對時代的責任。

行走在消逝中，我卻想到了這樣的景象：紅日初升，其道大光；伏河出流，一瀉汪洋！

（高三作文）

這是一篇文質兼美的文章，詞采典雅而雋永，內涵飽滿而富有情懷，尤其是第二段中一連串的「告別」形象而頗有感染力。處處化用的古典詩詞，作者手到擒來，可見語言功底和平日積澱之豐厚。所寫內容——古典文化大師們的消逝是另一種形式的行走，與作者所使用的古典詩文很自然地融為一體，渾然天

成。行文流暢，且富有層次感，「原來，他們還在」一句很巧妙地將文章推進了一層，這句前後呼應，最後結合我們自己，態度一下子嚴肅認真起來，讓人感動，尤其是結尾我彷彿看到的景象，是文章的點睛之筆。

王素敏

行走在消逝中

武凡

北京八中二〇一二屆，現就讀於首都師範大學。
當年小軒窗裡，玉蘭樹下，老師不止一次地教導我寫作文當「帶著枷鎖跳舞」；
而今學著地理，過著在山水間翩然起舞的日子，卻一次次地想念當年咬著筆頭思考
怎樣將腦海中跳躍的奇思妙想裝在「命題」的容器裡的模樣。

潑墨在時光中化為灰塵，一段往事就此無處尋跡；狼毫在燭光下封墨收筆，新的史傳自是輝煌落成。舊文化悄然湮滅，新文化同時誕生，社會的發展便是如此，行走在無止的消逝與無止的重生中。

命運的齒輪軋軋運轉，世界本是個往復不止的迴圈。

從呱呱墜地的那一刻，人就踏上了一條不歸路，這條路的終點注定是死亡。

時間流逝，移步換景，沒有一刻會為了你而停駐。走過的時光自然而然地消逝了，留也留不住，所以不必為了消逝而悲傷，更不該沉溺，每一秒我們都在不斷地失去，卻也在不斷地獲得。

歷史也是如此，如海潮洶湧，前浪隱入白沙，後浪翻湧而上，浪花總在消逝，卻又不斷地在新生。既然死亡是一種必然，既然一切都注定會凝固成一幕餘景淡漠在記憶中，又何必垂淚傷心於已逝的美好，前面還有更多輝煌亟待今人去創造。

楚辭、漢賦紗紗歌聲化入了歷史塵埃，消逝在那高潔悠遠的淇水遺風；卻有了唐詩宋詞字如珠玉，敲落在歷史殿堂發出錚錚悅耳的回聲。高山流水，悠悠廣陵，古琴餘韻散入殘照西風，再難拾起那散落的音符；卻有了京腔幽婉、崑腔纏綣、流水慢板，填了多少

人一場遊園夢。視線的盡頭有些東西在寬窘幻滅，自此消逝；來時路上卻亦有多少佳境正自璀璨熾烈，灼灼其華。過往的固然消逝，當下卻正精彩上映，這是輪迴，亦是動態的守恆。身處於這種永恆之中，何必垂淚於那過往雲煙，卻漠然了身邊風景。

消逝的是時間，是生命，是故人舊事；不逝的是勇氣，是信念，是希望與創造力。所以，人類才是最頑強的種族，他們一磚一瓦不畏辛勞地鋪著歷史的路，後面的極遠處在崩塌，可這條路卻總是不變它的長度。瑪雅文化湮滅，歐洲文化落成；高昌古國消逝，新大陸盎然而生。人類從不畏懼死亡與毀滅，從不畏懼消逝。

因為不破則不立，無死則無生。

畏懼失去，也就沒有獲得；沒有舊景的消逝，也就沒有新景落成那刻的輝煌遼闊。

行走在消逝中，那是先行者在莽蒼之間行走的目光決然，身後的神殿轟然崩摧，前方的光明卻是無限延展的輝煌畫卷。

（高三作文）

用「行雲流水」形容此文是非常恰當的，詩一般的語言和意境，又不乏深刻的見解，「行走在無止的消逝與無止的重生中」，便是本文的核心觀點。主體部分以傳統文化的消逝和新生為例，語言華美雋永的同時也彰顯著思考力，如「消逝的是時間，是生命，是故人舊事；不逝的是勇氣，是信念，是希望與創造力」、「因為不破則不立，無死則無生」，這些使得文章文質兼美，信手拈來，詞采斐然，散文化的筆法做到了從容流暢，是難得的佳作。

王素敏

行走在消逝中

倪暢

北京八中二〇一二屆，現就讀於北京大學。

我是個熱愛寫作的理科生，愛用筆讚歎自然，感慨文史；

也愛在紙上記錄自己理性的思考，揮灑心中的激情。曾獲北大校長實名製推薦。

    時間總在消逝。因此，從個人到世界也就不可避免地行走在消逝中。面對這個事實，無需感傷，因為我們一直行走在消逝中，又一直在消逝中進步。

    在人成長的歷程中，一切都會無可挽回地消逝；消逝的可能是青春，可能是健康，可能是性格中那銳利的風發意氣，但這些的消逝卻讓我們收穫對人生真味的一份體悟，收穫成熟。蘇軾性格中的鋒芒在那條望不到頭的貶謫之路上消逝了，這消逝卻讓他擁有了「山間之明月」般明亮卻不刺目的精神之光，至今仍照耀世間。史鐵生的青春與健康一併消逝，這消逝反讓他學會了帶著喜悅與感恩生活，自己悟出了給無數正常人以震動的人生真諦，這難道不是一種進步？可見，在一個人的生活中，一切都在消逝，但又行走在消逝中，在消逝中成熟、進步。

    社會亦然。歷史大潮中，落後與愚昧消逝了，行走在消逝中的社會卻獲得了發展，這不就是進步嗎？中世紀神權社會的消逝讓人權與科學獲得了前所未有的解放，王權統治的消逝又解放了多少先進和文明的思想，讓世界成為一個充滿智慧與自由的社會。的確，我們的社會永遠行走在消逝中，伴隨著行走的是愚昧落後的永逝，於是，社會在自己行走於其中的消逝中不斷進步。

況且，消逝的事物也未嘗完全地真正地離開。我們不斷回首那些消逝的東西，置身當時的局外冷靜地思考，反而更能從中汲取經驗和教訓。如果我們不行走在消逝中，就永遠是「當局者迷」，無法從紛繁的複雜中整理出一個頭緒，「取其精華、去其糟粕」不就是這樣的一種消逝中的繼承和行走嗎？試想在納粹當局和蘇聯式的高壓統治之下，即使有理性的聲音，又如何傳到外面人們的耳中？如果它們沒有消逝，那種狂熱、高壓與荒謬仍籠罩在歷史的天空下，我們又去哪裡反思如何避免出現下一個納粹和強權政府？又如何真正明白該如何做一個有尊嚴、有自由的人？消逝，有助於我們的反思，而反思則是進步的開始。

我們行走在消逝中，又在消逝的推動下不斷進步。

消逝不是消失，消逝的事物讓一個人成熟，讓歷史與文明在對消逝的反思中不斷矯正前進的腳步和方向。因此，行走在消逝中，我們無須感歎「流水落花春去也」，那些在我們的行走中消逝的，必將像那落紅一樣化作推動成熟與進步的護花春泥。

（高三作文）

這是一篇充滿理性的作文，開篇簡潔明瞭地提出面對消逝無需感傷，而要在消逝中不斷進步的觀點。第二段從人的成長歷程中的消逝與行走的關係說起，對蘇軾和史鐵生的例子分析後得出了「在消逝中成熟、進步」這一結論。然後說到社會的發展和歷史的進步，從中世紀的神權到「二戰」的納粹，突出反面論述，最後總結全文。文章結構緊湊，內在邏輯清晰，如「置身當時的局外冷靜地思考」這樣不經意的語句讓文章表述得很嚴謹，值得肯定。

王素敏

【附】關於「消逝」
——由寫〈行走在消逝中〉想到的

董瑞萌

北京八中二〇一二屆，現就讀於四川大學。
熱愛生活，喜歡傳統文化，尤其鍾愛相聲藝術。
相信緣分，嚮往自然平和的生活，不願束縛自己。
我相信，把日子過成段子，這就是快樂的源泉。

　　日前，寫了那篇「行走在消逝中」的作文，有些想法頗為矛盾，還請老師指點一二。

　　剛剛看到題目，就從「消逝」二字中嗅到了強烈的漠然的氣息。儘管一瞬間那些逝去的文明與輝煌不約而同地湧入腦海，但在這種厚重的輝煌衝擊之後，卻留下了一種空前的窒息感，曾經那些已經消逝了，而我們也正在向「消逝」這樣一個萬物的盡頭日夜兼程、馬不停蹄地趕去。儘管硬著頭皮寫完了作文，但這種感覺卻也漸漸膨脹起來，揮之不去。

　　誠然，這是一種抵擋不了的大趨勢，就像青山遮不住流水一樣地不可抗拒。但從心底來說，我卻不願苟同將「消逝」當作我們前進的道路，抑或是把「消逝」看作另一種永恆這樣的看法，這固然是一種深刻，但我不能否認，有誰能在深刻地思考過「消逝」對我們自身的意義之後，還能堅定地說，這些說辭不是對我們自身的寬慰與對那未知的未來的恐懼與逃避呢？我確實從心底懷疑著，在一片附和聲中，有多少人是在思考過「消逝」這個詞的意思之後，在承受過「消逝」帶來的那種縹緲的、抓不住的痛苦後，還能自豪地堅信，我們邁上的消逝之路，也是一條永恆之路呢？有誰對「消逝」沒有抱有那種敬畏又稍帶恐懼的感情呢？或者，更直白地說，我們

難道真的不怕死嗎？

於是，更大規模的消逝漸漸地被我回想起來，那是文明的消亡，物種的滅絕，甚至是幾千萬年後太陽系的湮滅，我被那些曾經深諳的知識同時碰撞，一瞬間竟也覺得絕望，也覺得找不到自身存在的意義。如果一切都不存在了，那我們曾經的存在還有什麼意義？如果一切都消逝了，又有誰來驗證那粉碎在消逝中的永恆呢？我曾經也堅信永恆，堅信人存在的價值和意義，但那些支撐著信念的支柱卻在理性與感性的碰撞中轟然崩塌，想到那些我曾崇拜的偉人，無論是漢武帝，抑或是愛因斯坦，都與眾生一樣步入消逝且漸行漸遠，心中真是一種別樣的滋味啊！

想了許久，才將這番感想寫下。只是因為不想成為教室中隨聲附和的一員，只是因為不想讓自己正在學習的、所謂的崇論宏議成為另一種「高深」的學生腔和一種有些虛偽的推辭。因為我認為，除卻「永恆」、「新生」、「前進的方向」，我們面對的畢竟還是消逝，我們所要學的怕不是將它偷換概念、以黑為白，而是真正學會如何勇敢面對吧！

這樣想來，我倒確實感到人「自私自大」的劣根性，始終無法將自己與種族融合，無法將自己與天地融合，始終在固執地珍惜這個「我」的意識呢……

（高三交流習作）

一口氣讀下來，感謝、感動、感慨齊湧心底。雖個別處難免有些偏激，讓我感到青春熱血在湧動，彷彿是就要決堤，卻借理性之堤又漸漸收攏了的洶湧的洪水。然而更讓我感動的是作者的真誠、率性和真思考，杜絕一切虛偽的言論，同樣借著紙筆完成了一次真正意義上的寫作，讓自己在思考和寫作中進行靈

與「優品」作文有約　Chapter 02

1
2
3

魂的拷問，那麼犀利和無情。於是作者的有些話也同樣帶我們深深陷入了找不到唯一正確答案的哲學意義上的思考，你、我、我們每個人都無法迴避的思考，窮其一生都在尋尋覓覓的解答中……

一次作文，可以有這樣的偉力，著實需要善待每一個作文題目和每一個可貴的思想與情懷……

王素敏

消逝的信仰（另類的文章）

董瑞萌

【題目角度非常好，真的有了思考！】

董瑞萌從無為逍遙的老莊哲學，到等級森明的孔孟之道；從兼愛非攻的墨家學說，到苛刻嚴格的法家治國。在我們浩浩湯湯的數千年歷史長河中，有著無數思想，那都是先賢的智慧，是他們智慧的結晶。曾幾何時，我們充滿了自豪和希望。可如今，我們信仰什麼？我們的信仰，消逝在哪裡了？【問得好，從歷史文化現象入手，語言俐落有力，暗含材料。】

莫說那老莊孔孟已不適合當今社會。誠然，任何思想文化都有其時代的局限性，沒有哪位偉人能擺脫自己所在的時代，高瞻遠矚，看透兩千年後的社會。

我們自稱禮儀之邦，但卻在物欲橫流、金錢至上的時代中，失去了方向，迷失了信仰。【加：如果人類的文明和信仰在歷史奔騰不息的長河中「逝者如斯」，那麼現代的文明又將何去何從？】道德的底線一讓再讓，甚至法律這準繩都在因人而異。不該幹的我們無所不為，本該做的我們退而觀望。老人跌倒，無人敢扶；罪犯越獄，拍手稱快。這個社會，究竟怎麼了？我們的信仰，消逝在何方？【從歷史說到現實，痛下針砭，發人深省。】

其實，今天我們信很多東西。我們相信金錢能買來一切，信權

力能擺平所有，信送禮遠比實力重要，信「潛規則」才是真正的規則。【這一轉，轉得好，更深刻了。】可是，我們又什麼都不信。我們不再相信忠孝仁義，不信公平正義，不信謙恭儉讓，不信神佛鬼怪，不信天理報應【這兩個「不信」值得商榷，措詞上不要以偏概全，不太過激，比如「不信最樸素的善有善報」】，不信人心，不信專家，不信政府，甚至也不信自己。我們遭遇了前所未有的信仰危機。物欲橫流人心不古，只有「錢權」二字當道。我們的信仰，就在這個「拼爹」時代中一點點地消逝殆盡了。【此處最好要點題：時代在飛速發展，可快速行走在現代文明中的我們究竟消逝了什麼？】

　　這片土地彷彿成了真理的黑洞，任何放之四海而皆準、放之古今而通行的準則，在中國這片神奇的土地上統統失靈，「殺人放火金腰帶，修橋補路無屍骸」，這不是揶揄，是我們每天都在看見的事實。曾被我們丟掉的孔孟儒學，如來、基督、真主、太上老君、孫悟空，這些本該能拯救心靈迷失的信仰，不是再也找不回來就是變得不成樣子，我們不知道自己該信什麼，不該信什麼。信仰，就這樣消逝了。【此段語言犀利，依然在說我們消逝了信仰，但是否進一步分析消逝的原因，一定要點透，並分析我們如何找回消逝的信仰為好，文章就自然更深入一步，而不只是在擺現象了。】

　　幾十年來，物質生活的極大豐富，帶來了精神生活前所未有的空虛與寂寞。錢本位的觀念深入人心，我們這個古老的、自以為有五千年文明的民族，卻走出了一條極其沒有文化的發展道路。多少的財富與金錢、多快的 GDP 漲幅，也買不來這個社會的文明，也買不來這個社會基本的道德，也買不來這個社會基本的審美觀，更不能為這個民族買來幸福。財富並不是我們所追求的，我們的終極目標，是幸福。最幸福的人，絕非財富上最富有的人。倘使在積累財富的過程中，只注重金錢、利益、權力，放棄、遺忘了信仰與精

神，最終換來的，只會是一具具鑲金戴銀的行屍走肉。消逝的信仰，讓幸福的追求者們迷失了方向，失去了自我。只有信仰，才能引領我們走向真正的幸福。

記得姚明退役前談到，現在的中國人，沒有真正的信仰。我心頭一驚，細想來，此言非虛。我們信過天，信過地，信過鬼神和皇帝。而現在，卻居然找不到可以稱之為信仰的符號了。

消逝的信仰，遺失在了追逐財富的道路上。如今財富到手了，可這信仰，又有多少人回頭拾起呢？【結尾別忘了扣題，扣住開頭和材料。】（高三交流習作）

此文讓人感慨頗多，我不得不承認，你所說的一切我不是某種意義上的同意，而是同感同識。一個認清現實的人未必是最輕鬆的人。他，在看清了許多現象之後變得前所未有的沉痛和無助！但我們並不孤獨，畢竟我們的思想和良知還活著！於是，當我們還不能改變這個社會哪怕一星半點的「消逝」，無奈之下，我們就只能從改變自己做起，而其中最重要的是「心態」，是我們堅信「你可以不善良，但我不能和你一起不善良」，這時我們就不禁想起了陶淵明的可貴——「精神堡壘」。這是我們最切實的做法，好在這路上有你、有我，還有他，我們一路同行。

從寫作文角度來看，「信仰」角度很好，語言俐落清楚，還有兩點需加強：一是行文一定要切題「行走在消逝中」，「行走」要突出；一是要步步深入，從消逝信仰到消逝的原因再到如何找回，文章就當仁不讓了，不再是「憤青」了；即「打碎一個舊世界」同時一定要建設一個新世界。

王素敏

【題目呈現】閱讀下面的文字，按要求寫作文。

綠蘿很好養，折上幾枝，放進盛水的玻璃瓶裡就行了。擺在桌上，眼前一片綠意。可讓人遺憾的是，它在水裡慢慢生了根之後，幾乎就不再生長，沒精打采，枝蔫葉稀。是缺少陽光？放到窗前曬些日子，不見起色。是氧氣不足？打開窗子常透透氣，也沒效果。後來，試著往水裡投了一把石子，原來在水中飄來飄去的根鬚似乎一下有了依托，它們使勁往下扎，把石子緊緊纏住。沒過多久，綠蘿就綠油油的，枝繁葉茂了。

請就以上材料，展開聯想，自定角度，寫一篇文章。題目自擬，文體自選（除詩歌外），不少於八百字。

【解題簡析】這是一個典型的材料作文題，認真閱讀材料，我們不難發現，綠蘿的生長所需條件：陽光、氧氣，然而這些只是基本的生存，為了讓綠蘿「枝繁葉茂」還有更重要的一點：石子。於是我們就要像綠蘿一樣牢牢抓住「石子」來構思成文。

★「石子之於綠蘿意味著什麼？」這是在構思成文時必須思考清楚的問題，也是這道題目的關鍵，從生存到枝繁葉茂，「石子」起了關鍵作用；

★「石子和陽光、氧氣有何不同？」這是我們要回答的第二個問題，是在前一個問題上又進了一層。

考慮了這兩點之後，我們就可以將「石子」引申為「綠蘿生長的依托」，由此聯想「綠蘿如此人亦然」。

★「人的依托又是什麼？」這樣一番思考，成文就不難了。

所以，材料作文把握材料的核心，要層層深入地思考，從中找到「話題詞」，然後由此及彼的聯想是關鍵。

下面幾篇文章緊緊圍繞「綠蘿的依托」這個話題，寫出了自己作文的水準。

無憑誰記

北京八中二〇一二屆，現就讀於中國農業大學。
文字於我而言，絕不是應付考試的工具，而是自己成長道路的見證者。
先敬畏文字，再駕馭文字，用它雕琢時光，待到年華老去再來品讀，
才會別有一番風味。生活之美不過嘗世間百味，品甘醇抑或澀苦，
將往事點滴皆著墨，回首笑談中，拂去衣上紅塵土。

綠蘿看似好養，實則難養。它需要的不是充足的氧氣給予的迷醉，更不是陽光輕柔而曖昧的撫慰。它要的只是一顆石子。

然而，那又不是一顆普通的石子，那是一顆能牽絆住它根系的碎石，是它的歸宿，是它的依托，是它存在過的證明。沒有纏住石子的綠蘿就像天河懸星，明滅幽微，無人相憶。所以，綠蘿任由根鬚飄搖，枯黃萎頓在渺渺時光裡。因此，它必須為自己抓住一顆石子，借著它使勁向下扎，使勁向上頂，將自己絢爛的韶華鐫刻在石子上，讓欣賞者為這生命力之美讚歎。

原來，最令人萎靡的不是活在困窘與黑暗，而是活得虛無縹緲，無憑無據，無人銘記。

人之所以有別於草木，無非一個「情」字。沒有依托、沒有憑據的愛情便像少了石子的綠蘿，暗自滋長，卻終究枯萎消逝。去年春日此門中，人面桃花彷彿仍含話唇畔，欲語還休，如今已是人去樓空，尋覓無蹤。崔護那初嘗情竇的心中滋養出的綠蘿便匆匆斷了生氣。

而陸游與他的婉兒，縱然是兩株短命的綠蘿，卻曾奮力攀援住同一顆石子，讓愛情永遠留在沈園的壁上。即使知道終將悲劇地走一路，序幕拉開便不會收手。在歷史的天空中，他們早已化為灰

1
2
9

爐，然而他們曾緊緊相纏的證據，卻被後人吟誦至今，直到世界上再難尋覓這種淒絕的愛情。

沒有屬於自己的獨特符號的時代更為可悲。那是一群綠蘿漫無目的地生長的時代，是一代人的消沉萎頓的開始。

我們的北京或許正需要這樣一顆「石子」，作為自己不斷發展、不斷前行的基石。

現在的北京就像根系飄搖的綠蘿。曾經，我們端坐在東方笑迎四方來賀，描龍畫鳳九重闕，朱漆金簷琉璃瓦，京城的威嚴莊重下又透著百姓的熱情和安逸。它按照紫禁城文化的方向，努力地生長著，直到遭受滅頂之災。我想，最絕望的不是沒有可供攀附的石子，而是你拿走了它賴以攀附的石子，卻給不了它新的依托。如今，北京飄搖著，就像為了取悅客官的伶人，迎合著國際口味在自己本來精緻而有韻味的臉上動刀。我們太需要一顆「石子」來證明我們這個動盪而充滿變革的時代需要一種紮實的「文化依托」。如果說，我們癡迷於獸首是為了給那個富麗堂皇的時代留下憑證以供我們遙祭，那麼，後人又該在這灣水塘中撿起哪塊石子祭奠我們？只希望這不會成為時代的不解之謎。

做一株活得有憑有據的綠蘿吧！任由世界喧囂，我只握住那顆小小的石子，聆聽根系蔓延的聲音。

（高三作文）

「無憑誰記」從反面回答了綠蘿沒有石子作為依托的可悲結局。第一段「給予的迷醉」、「輕柔而暖昧的撫慰」彰顯了作者語言功底，讓人賞心悅目。第二段的說理也不俗，例如，「那是一顆能牽絆住它根系的碎石，是它的歸宿，是它的依托，是它存在過的證明」，點題「原來，最令人萎靡的不是活

在困窘與黑暗，而是活得虛無縹緲，無憑無據，無人銘記」。
本文可貴之處在於由愛情到一個城市的文化，說到北京城的文
化依托的迷失，言語間透露著對家鄉的深情和感傷。

筆鋒犀利，毫不留情，愛之深責之切，結尾含蓄雋永，字裡行
間表現出一種從容。

王素敏

依 托

律燁

北京八中二〇一二屆，現就讀於中國農業大學。

我是一個文靜的女孩，愛好很廣泛，但最喜歡做的事情是讀書，

看書中人世浮沉，品自己的喜樂悲歡。

泡在水中的綠蘿沒精打采，而當放入一把石子後，綠蘿的根鬚緊緊纏住石子，不久又鬱鬱蔥蔥，只因原本飄來飄去的根有了依托。人們說存在於世上的每個生命都是一個孤單的個體，若是有所依托，生命會成長得更好；同樣，心靈也需要依托。

植物的根是汲取養料供機體生命活動的器官，它需要石子的依托，而心靈是人類的「根」，心靈又需要什麼作依托呢？是金錢還是功名？若這些可以當做依托，為何托爾斯泰還要放棄萬貫家財以及貴族身份而高齡出走，只為一份心靈的安寧？若這些不可以當做依托，又為何有那麼多人每日活在追名逐利之中？這樣看來，心靈的真正依托是信仰，那些追逐名利者也只是視名利為信仰而已。若非信仰，蘇武又是依托什麼才能將青春揮灑在荒無人煙的貝加爾湖畔呢？支持一個人在闃無人跡的西伯利亞十九年如一日地等待，也只有那堅信祖國的信仰能做到：唯信仰才是心靈的依托。

浮萍注定要依托喬木，一如古代女子注定要出嫁以求一個依托，沒有人問過她們的意見。在人們的意識中，女子的一生本該如此，無數人放棄了曾經的信仰，最終如水中浮萍一樣消失在歷史的洪流中。沒有哪一種依托如信仰般長久可靠，永恆不變。隨著歲月的流逝，父母的臂膀不再堅實可靠，漸漸虛軟無力；朋友的幫助不

再只有友誼，漸漸遙遠；伴侶的身體不再康健，漸漸多病，這些曾經的「石子」已不再能扶持綠蘿日益飄搖的身形，唯有心中的信仰才是最堅實的依托。

為心靈找一個依托，讓心靈的綠蘿不再四處飄搖。也許是凌雲壯志，也許只是一個最簡單的心願，只要它足以做那水中石塊，固定住你的心靈綠蘿，就以它為依托吧！堅守著這個信仰，不理會外界的紛紛擾擾，只為給生命一個完美活著的理由，不混沌度日，帶著信仰，認真地過好每一天，即便走到生命的盡頭，那信仰也不曾熄滅。信仰又何嘗不在依托信仰他的人啊？信仰者不在了，它便等著下一個信仰者將它傳承下去，千百年後，那信仰連帶著它的信仰者們永遠地留在了歷史的旅途中，成為其中一道最美的風景。

水中飄蕩的綠蘿需要石塊做依托，心靈也需要堅實的信仰做依托，有了這種依托，心靈才能安然走過人生四季，走向永恆。

（高三作文）

本文集中論述了「心靈也需要依托」這一中心觀點，看得出，該生在構思成文時是有內在主線的，一句「心靈又需要什麼做依托呢」就讓此文脫穎而出了。然後以反問的方式論述「心靈的真正依托是信仰」的觀點。與眾不同的是後文又進一步指出，這種心中的信仰是「最堅實的依托」，列舉生活中的種種現象，讀來有種親切感，更使文章顯得有層次和章法。

王素敏

依托精神之石

夏江月

北京八中二○一二屆，現就讀於清華大學。
品味文化的魅力，感悟自然的真諦，捕捉美好的點滴，
享受拼搏的快意。擁有一顆詩心，生命定芳香四溢。

　　根鬚飄動，再充足的陽光也喚不起綠蘿的生機；依托石子，生命的活力自然迸發，枝繁葉茂。

　　綠蘿的生長固然需要適宜的條件，但纏根之石才是生命力迸發的源泉。石子雖小，卻成為綠蘿不可或缺的依托。有了依托，枝條才能延伸出一片綠意。

　　人，又何嘗不是一株渴望生長的綠蘿呢？目光彙聚在遠方，便努力抽枝發芽，卻在接近希望的那一瞬枯黃。靜而思之，竟沒有依托精神之石。人，不過是一株綠蘿，但卻是一株有精神的綠蘿。依托精神之石，生命才會枝繁葉茂。

　　人總是渴望絢爛而又神秘的遠方，瘋狂地抽枝、伸長，卻漸漸忘卻了最初的夢想，任由根鬚在水中飄動，枯黃時才幡然醒悟。渴望遠方無可非議，但依托精神之石才是明智之舉。在生長前，我們應緊緊纏繞精神之石，堅定自己前進的目標，銘記最初的夢想。每向遠方延伸一寸，便用目光衡量與夢想的距離。

　　依托信念，依托夢想，依托精神之石，每一次抽枝都滿懷激情，每一次延伸都充滿理性。當綠色的枝條觸碰到渴望的遠方時，我們也許會欣喜地發現，依托精神之石，不為生長而生長，卻已是枝繁葉茂。

瓶中的綠蘿畢竟還是養尊處優，尚且需精神的依托，處於飄搖風雨中的人們更感精神依托之可貴。

時代黑暗，風雨飄搖。呼嘯的狂風卷去了沒有精神依托的浮萍，粉碎成歷史的塵埃。而有精神之石作為依托的仁人志士卻傲立蒼穹，屹立不倒。東坡沒有被「烏臺詩案」壓倒，因為他經歷了精神的突圍；陸游沒有為退居後方而一蹶不振，因為他仍懷壯志豪情；左拉沒有因世人的辱　而放棄控訴，因為他有智者的良知。他們的根繫緊緊纏繞著堅實的精神之石，千磨萬擊使他們越發堅勁，凌厲的風奪不走他們的靈魂。漸漸的，枝繁葉茂，綿延在永恆的歷史中。

人便是這樣一株綠蘿，依托著根間的精神之石。陽光充足時，依托精神之石追求遠方，生機勃勃；風雨肆虐時，依托精神之石堅守自我，頑強不屈。

（高三作文）

這篇文章層層深入，語言優美，流暢清晰。首先，開篇用整齊句式和典雅的語言轉述材料，然後類比「人，又何嘗不是一株渴望生長的綠蘿呢」，很快入題，提出「依托精神之石，生命才會枝繁葉茂」的觀點。接下來說「人總是渴望絢爛而又神秘的遠方」、「卻漸漸忘卻了最初的夢想」這樣耐人尋味的話，充分認真地分析了我們該如何「依托信念，依托夢想，依托精神之石」，寫得從容堅定，這是本文深刻、獨到的地方。然後文章俐落地一轉，說「瓶中的綠蘿畢竟還是養尊處優，尚且需精神的依托，處於飄搖風雨中的人們更感精神依托之可貴」，以蘇軾、陸游和左拉為例加以佐證。最後，又翻出材料中的新意，即「陽光充足時」和「風雨肆虐時」，可見作者不但語言

能力強而且駕馭材料的能力同樣出色。

王素敏

【題目呈現】讀下面的文字，根據要求作文。

這也是一種要求：先在橫線處填寫必要的內容，然後根據所填寫的內容寫一篇不少於八百字的文章。立意自定，文體自選（詩歌除外），不得抄襲。

【解題簡析】這是一道半命題作文，題目中的關鍵字是「也」，要求同學們有一種獨到、新穎和辯證的眼光來思考習以為常的事理。所以第一步要明確「這」的指代意義，而且這個意義是通常情理上認可的。通過自己的深入思考和分析，引出第二步，即「也」的特殊內涵，即非常理的，就看出大家平日的思考和見解了。

而「這」又沒有定範圍，所以，可寫的空間非常大，關鍵在自己的把握和積澱。

下面一些立意的角度和想法，定會有所啟示：

★能夠給自己一些獨處的時間，反思自己的過去，不因停下腳步而迷失了方向，而將深刻的反省化為繼續前行的動力，這也是一種勇氣。

★短暫也是一種永恆，就像曇花一現的瞬間，留給我們這生命永恆的美。

★改變也是一種創造。

★放棄、捨棄也是一種愛。

★苦難也是一種幸福。

★殘缺也是一種美。

★平凡也是一種偉大。

★適時的後退，能讓我們在狂熱中恢復沉靜，從幻想中找回現實；後退也是一種前進。

★面對缺憾時一顆勇敢、坦然的心，本身也是一種完美。

★批評也是一種愛，一種更深沉的愛。

★俗也是一種雅。

★仁義也是一種征服。

★結束也是一種開始。

★失去也是一種獲得。

以上這些基本觀點和想法，啟發我們，「這」和「橫線處」所填寫的內容之間存在著一定的對立統一關係，據此，你也可以寫出更多更好的觀點和文章。

下面這兩篇文章，可以從中有所啟發。

這也是一種饒恕

張湛

北京八中二〇一二屆，現就讀於北京郵電大學。
一雙炯炯有神的眼睛裡永遠閃爍著真誠、思考和友善的光芒。
秀外慧中的才學和性格，總是讓人喜歡。
自強堅毅、不怕困難的果敢似乎總能讓人想起柔中帶剛的特點。

　　從古至今，人們對「光」的頂禮膜拜或許可以看作對「善」的嚮往，而與此相對，「暗」常常被看作滋生惡的溫床。然而，正如無論怎樣歌頌光明也無法抹殺黑暗的存在一樣，「惡」從未離去。

　　有些惡，是屠刀上滴落的鮮血，是烈火後破敗的廢墟，是生命被掠去後僅剩的蒼白的墓碑。面對這樣的罪行，我們無法一笑釋然，無法輕易地將同胞們如山的屍骨棄之腦後。不必強笑裝歡地說原諒。將怨恨寫在沙上，然後轉身離去──這也是一種饒恕。

　　仍要將累累罪行寫下，因為我們無法把過去從記憶中割除，正如無法把屈辱從民族的血液中抽乾一樣。忘卻過去是背叛歷史，更是默許悲劇的再次上演，而要將刻骨之痛寫在沙上，為的是時間的浪潮能將它帶走，將它留給歷史，讓它回歸時間之河──這也是一種饒恕。

　　饒恕不是為了浮於表面的友好與和平，不是為了鎂光燈下的皆大歡喜。只是恨的包裹太沉重，它會抹殺一切色彩，遮蔽一切美好。所以，我們卸下恨意，打開心靈的窗扉讓陽光照進，讓光明驅散陰霾，讓笑容代替淚水，讓目光聚焦在前方的路上──也是一種饒恕。不是背棄歷史，只是卸下恨意，不是丟棄過去的苦難，只是期盼未來的幸福。這種饒恕，是為了更好地領會活的意義，是為了

更好地走下去。

今日奧斯維辛集中營門前孩子們的歡笑嬉戲是一種饒恕；曾經血腥之地的陽光普照是一種饒恕；奧斯維辛中，焚屍爐的舊址上怒放的雛菊亦是一種饒恕。

沒有人故作大度地揮一揮手，任憑往事隨風而逝。慘痛的過往不能忘卻，歷史的教訓不能逝去——為了這人類史上最沉重的痛不再發生。只是，不讓昨日的黑暗黯淡了今日的豔陽；只是，不讓昨日的風暴籠罩了今日的晴朗；只是，不讓昨日的血腥驅散了今日的花香——這也是一種饒恕。

昔日的黑暗讓我們的雙眼越發渴求光明，所以，將過去的「惡」留給過去，留給歷史，然後去堅定地尋找現在與未來的善——這也是一種饒恕。

這種饒恕，使得世界從未失去光明，從未失去真善美；這種饒恕，使得陰霾從不長存，使得世界從不溺於罪惡；這種饒恕，使得紅蓮在鮮血中綻放，新草自烈火後萌生——光明從黑暗中升起，千萬心靈中溢滿善意。

不是要忘記逝去的鮮活的生命，不是要忘記民族曾背負的沉重傷痛，只是永遠面對朝陽，將黑暗留在身後——這也是一種饒恕。

（高三作文）

「光與暗」、「善與惡」這是十分沉重的話題，作者立足於對待光與暗、善與惡的態度，思考並明確了「饒恕」的內涵，思想深刻，語言犀利又不失文雅。

對於這個觀點，最好的材料莫過於「日本侵華」和「奧斯維辛集中營」，同時，這也是最難以駕馭的材料，因為宏大，因為深刻，所以需要找到一個突破口，以小見大，本文這點做得很

好。「寫下罪行，刻在沙上」，卸下恨意，不是為了皆大歡喜，而是「為了更好地領會活的意義，是為了更好地走下去」，「為了這人類史上最沉重的痛不再發生」，讓「紅蓮在鮮血中綻放，新草自烈火後萌生」，這些深刻的見解震撼人心，同時每段結尾點題，時時提醒我們，使文章結構清晰。真是沉重而不乏深情，理性而不乏文采，是一篇難得的佳作。

王素敏

這也是一種暴力

周旭

北京八中二〇一二屆，現就讀於中國農業大學。
文字於我而言，絕不是應付考試的工具，而是自己成長道路的見證者。
先敬畏文字，再駕馭文字，用它雕琢時光，待到年華老去再來品讀，
才會別有一番風味。生活之美不過嘗世間百味，品甘醇抑或澀苦，
將往事點滴皆著墨，回首笑談中，拂去衣上紅塵土。

舊時秦皇苛政使四境之內伏屍百萬，流血千里，這是強權對民眾的暴力，是當道者對生命的褻瀆；將軍李廣戰勝殺降，這是勝者對敗者的暴力，是成事者對敗事者尊嚴的踐踏。當如今，我們遠離了那個充滿戰火烽煙的時代，步入現代文明社會，暴力已不能單純指代一種以武力使人屈服的方式。冷漠，何嘗不是我們如今面臨的、最廣泛也最殘忍的暴力？

冷漠是一種無聲的暴力。它不僅阻隔著溫暖的傳遞，甚至是將那星星點點的火源熄滅。一個人的冷漠並不可怕，整個社會的冷漠才叫人心寒。老人摔倒無人敢扶，有人當街突發疾病無人敢救，這種現狀不正體現了我們這個時代人情的冷淡嗎？這與當年魯迅筆下圍觀同胞被砍頭的人們何異？或許我們還不如那些看客，因為我們甚至都未曾給予那些需要被 明的人一點關注。這何嘗不是對人性的踐踏！求助者滿是期盼的眼睛被冷漠凍得僵硬，而熱心人的友善又何嘗不是被冷漠無情地欺騙與玩弄。冷漠也是一種暴力，所以，我們呼喚人性溫暖的回歸！

冷漠悄無聲息地蔓延，讓有志者的吶喊仿若飄散在無人之境的荒野，彷彿給吶喊者一記響亮的耳光。馮驥才先生苦笑地稱自己是個失敗者，為保護文化奔走數十年，卻是竹籃打水一場空。馮先生

1
4
2

筆尖上的成長：名師教你寫作文　卷一・上冊

有部文集名為《思想者獨行》，我一直感慨於這個「獨」字。為何思想者偏要「獨行」？因為他們的吶喊早已不是無人聽從，而是根本沒有人聽見了。我們對於自身文化的冷漠和對舶來品的熱衷注定了我們自身文化無可避免的衰落。我們或許再沒理由為擁有五千年文化而自豪，因為那不是我們的，而是我們祖先的。我們應該看看自己手中還剩多少，還能傳下去多少。自我文化的遺忘，便是對我們傳統的踐踏，這何嘗不是對歷史對五千年文化的一種暴力？我們呼喚停止對傳統文化的無視！

有時候，我們自以為積極熱烈，卻看不出自己真實的冷漠。前幾日，網路上大炒育英中學女生「裸跳」事件。對於該女生的死因和自殺動機可謂眾說紛紜，沸沸揚揚。我們自以為這就是關注，就是溫情，實則這是更大的冷漠。我們對一個自己一無所知的生命妄加論斷，甚至扭曲事實，這難道不是對當事人尊嚴的踐踏與摧殘？難道不是外表熱情實質冷漠的體現？我們「暴力」褻瀆的早已不是人們的肉體，而是他們更應被尊重的人格與靈魂。

停止我們的冷漠吧，冷漠也是一種暴力。比武力更甚的是它傷害著別人，同時吞噬著我們自己本該溫暖柔軟的心靈。

（高三作文）

這是一篇充滿批判精神的文章，該生橫線處填寫「暴力」就能夠讓自己寫出與眾不同的見地來。第一段從秦王嬴政橫征暴斂說起，說這是一種暴力，緊接著說李廣將軍也是一種「暴力」，一下就不一樣了，並將其歸納為「武力使人屈服」，然後筆鋒一轉，「冷漠，何嘗不是我們如今面臨的，最廣泛也最殘忍的暴力」，俐落犀利。接下來突出的特點是針砭時弊，指出人們缺乏起碼的同情心和愛心是一種可怕的「暴力」，讓人

信服。不僅如此，第三段以著名作家馮驥才為例論證對傳統文化的漠視也是一種暴力，就更讓人憂心了。所以，本文緊緊地扣住對待人性和文化上的暴力，痛下針砭，洋溢著正氣。

王素敏

【題目呈現】閱讀下面的材料，按要求作文。

我們欣賞自然萬物，春華秋實，鳥獸蟲魚；我們欣賞文學藝術，詩詞歌賦，琴棋書畫；我們欣賞人類自身，科技文明，社會人文……因為懂得欣賞，我們才能領悟到美麗世界的種種奇觀；因為欣賞，我們才能發現人生的諸多坎坷其實也是美妙的樂章。

你欣賞什麼？你是如何理解欣賞的？

請以「欣賞」為題，自選角度，自擬題目，寫一篇不少於八百字的文章。

除詩歌外文體不限。

【解題簡析】話題作文的關鍵在於我們給這個話題詞以一定的內涵與外延，使之具體明確，這樣就好駕馭了，做到大題化小，化虛為實，才是解決之道。

例如，下面這些觀點和想法，就很值得深思。

★我們欣賞花開一瞬的華美絢爛，也應欣賞花謝之時生命的逝去與輪迴，因為這本是另一種意義上的孕育和新生；我們欣賞白晝將光明播撒，更應欣賞世界歸於沉寂的黑暗與滄桑，因為這帶領我們遊走於完整的宇宙；我們欣賞陽光的溫暖美好，也應欣賞風雨的飄搖，因為這，教會我們溫暖的來之不易……

★欣賞更是一種成熟，從小我而走向廣納天下萬物。佛說，你心裡有什麼，你就會看見什麼。走出單薄的個體世界，不斷發現與欣賞，才是一個真正的社會人所篤定奉行的信條。天下之大，皆在我心中。

人們說，欣賞的對象決定高度，而我更認為，欣賞的心態決定境界。學會欣賞，其實無異於學會生活。自然界渾然天成的樸實之美，文學藝術殿堂裡高雅的傳承之美，科技社會中先進的新鋒之美，都是最好的老師。我們欣賞，我們感恩，我們生活，因為三者早已融為一體。

★在梁衡先生的筆下，我又欣賞到瞿秋白英勇就義時的大義凜然，

欣賞到李清照那「才下眉頭，卻上心頭」的淒婉哀愁，欣賞到林則徐戴罪立功的愛國之心，欣賞到辛棄疾「欲說還休，卻道天涼好個秋」的壯志難酬……我彷彿穿行於時空隧道，與那些偉人交流，感受他們身上無法被時間磨滅的精神。於是我感到自己的內心也得到了昇華。

此外，我還學會了用一顆「詩心」來面對生活，學會尋找身邊「卑微的風景」。我從「天生我材必有用，千金散盡還復來」中欣賞到李白的豪邁灑脫；從「春花秋月何時了，往事知多少」中欣賞到李煜的亡國之愁；從「憂從中來，不可斷絕」中欣賞到了曹操對人生苦短的感慨……於是，我明白了人生的哲理，同時對自己的未來有了更明確的設想。

當我欣賞古往今來的文字，浸潤在那些辭藻優美的詩詞歌賦中時，我感到心中的雜念被洗滌，整個世界彷彿都變得寧靜。那些美麗的文字，彷彿一滴滴水，匯成一條奔流的小溪，滋潤了我的心田，而最終匯入文學的汪洋。

於是我發現，古往今來的諸多坎坷，也都是美麗的；大千世界的種種奇觀，實則全都蘊含在文字心裡。當我欣賞那些名家的作品，我感到我的思想也在與偉人的相碰撞，擦出耀眼的火花。它彷彿一盞燈塔，為我指明了未來的航向，也為我照亮了與整個世界相連的路。它引領我用理性的眼光認識這個世界，也教會我用一顆感性的心體會自然萬物。於是，我懂得了什麼是美。我想，這才是欣賞的意義。

再讀下面這篇文章，從中可以欣賞到作者對《紅樓夢》的那份熱愛。

欣　賞

胡天禕

北京八中二〇一五屆，現就讀於高二科技實驗班。

一個看了幾年《紅樓夢》的，愛金隅、愛國安、愛拜仁慕尼克、

愛自己所在班集體的孩子。

依然體會不了葬花詞和芙蓉誄的悲傷，卻經歷過球隊奪冠的狂歡和失利時的落寞。

欣賞，欣然觀賞。當我們開始關注某一事物，是興趣；當我們漸漸對它有所思，是喜好；當我們透過這一事或一物，體悟到世間的善惡美醜，看出它本質中的精彩與遺憾，則是欣賞。

一部《石頭記》，一座悼紅軒，一山一水，一筆一硯，造就了一位曹雪芹，一位我欣賞的作家。我欣賞他，同樣欣賞他筆下的人物與書中的典雅韻致。

我欣賞林黛玉，先時是因她的「嫻靜時如嬌花照水，行動處似弱柳扶風」。

顯然接受了紅學大家們對她的評價，我欣賞她諷刺寶玉為「呆雁」的幽默與她「臨風灑淚」和「對月長籲」的「小性兒」。一次次深入閱讀，曹雪芹的筆墨在腦中不斷留下新的印跡，我欣賞黛玉教香菱作詩時的「這首雖好，卻斷不是這樣作詩的」這種細緻，成為了對薛寶琴一聲聲「妹妹」的熱情知禮。終於，我所欣賞的是她的離世，遺憾與悲傷何嘗不值得欣賞！

同樣，我欣賞與「瀟湘妃子」性格迥異的「蘅蕪君」薛寶釵。在我欣賞黛玉的「病如西子勝三分」時，並不接受寶釵的「面若銀盆，眼同水杏」，然而越讀越能見其另一番姿態。她和探春的「改革」使賈府能夠多撐些時日，她對於丫鬟們的體諒與呵護，她知書

達理且顧全大局……我欣賞的是在封建家庭中的一位智慧的「求生者」——她既得到父輩的褒揚，又受到同輩的尊重，在僅有的一片天地活得如魚得水。但後來我開始懷疑，她作螃蟹詩時的「皮心裡陽秋」，竟顯示出了那樣的野心勃勃與心思重重，絕非敦厚之人了。直到現在，即使承認她的「心計」或缺陷，承認她不似黛玉的單純，但我開始欣賞她順應時代的能力與她的才華和氣魄。

欣賞作者，從華美的辭藻到嚴謹的行文線索，從涉獵之廣到用心之苦，從故事的內容到封建家庭的年輕人解脫束縛的渴望，從對衰亡的哀歎到對時代的思索。

我認為，「欣賞」一詞，正如同我欣賞《紅樓夢》的過程，從表面與外在的華美，一步步走入事物或人物的內心與本質，體會到他們的處境與思想，進而賞識他們的性情與品行，甚至欣賞他們對時代的屈服與無奈。因「愛而知其醜，惡而知其美」，欣賞我曾忽視或嗤之以鼻的一切，欣賞悲哀、歎息、諷刺、坎坷。

欣賞，可賞美，更可賞醜。欣賞美能給人以陶醉的享受，欣賞醜能給人以深刻的思考；由美見醜，由醜知美，能賦予我們看清塵世的力量。

（高一作文）

這是一篇獨特的作文，作者只寫欣賞一部《紅樓夢》，寫的酣暢自如，可見作者對《紅樓夢》的熱愛與鑽研之深，從欣賞作者到欣賞書中人物，從黛玉到寶釵，她們各自的性情，作者獨自的思考和感受，細細道來，耐人尋味。本文啟示我們，寫作的領域廣闊，只要我們找到屬於自己的那一方天地，我們就可以自由馳騁，讓心靈飛翔，讓思想遨遊，那時寫作便是一種精神和情感的享受了。

王素敏

CHAPTER **03**

作文內容之
情懷與自我

文裡乾坤大　篇中日月長

　　「優品作文」很重要的一個標誌是文章有生命力，讀文章如品味一個鮮活的生命。所以，寫文章時就要總想著如何讓自己的作文生動起來，讓自己的作文有情懷有靈魂，因而就有生命力，感動自己才能感動他人。「作文是記錄思想、表達感情的」，沒有情懷與「自我」也就失去了作文的意義，作文就是空洞的、乾癟的。所以，我們將在第二章的基礎上繼續探討「優品作文」中「真」的內涵，即同學們作文中「寫什麼」的問題。

　　應該說，寫作的天地是我們生活的周遭世界，從外部的客觀存在到主體內心世界的感受，都是我們思考感懷的內容，而「我」又是其中一個不可忽視，甚至不可或缺的因素與「橋樑」，連接著「內外」。一直以來我們往往忽視甚至漠視自己對外部世界的感受。「言為心聲」，乾坤日月盡在方塊字之內，一篇沒有「我」的文章自然就沒有情懷，而「我」又有大我與小我之別，兩者沒有對錯，只有角度、出發點和歸結點的不同。在特定的「語境」下，兩者同等重要，都彰顯著人性的光輝與溫暖的情懷。

　　「我」有大小之別，「大我」即一種以天下為己任，一種如托爾斯泰般的「愛一切人，被一切人愛」的悲憫的普世情懷，一種對真善美執著

的愛，一種對自我、現實和他人的深度的關照和思考。

　　由於生活經歷有限，作文時不一定非寫重大社會問題。只要寫出真實的生命感悟、青年人應有的文化素養，無論天下興亡，還是風花雪月，都可以寫出好文。當今文化的多元性使得作文的主題也應多元：追求深刻而不貶低清純，燃燒熱情而不拒絕理性，審視自我而不排斥關注社會與人生；學會多方位關注、多角度思考，讓我們的作文和心靈一樣有溫度，並以此來溫暖他人與社會。

　　為此，情感需要我們在日常生活中主動去感悟：春花秋月，喜怒哀樂，離合聚散，江海揚帆，茫茫天地間，漫漫人生路……需要我們讀書思考時學會去領悟：「桃花潭水深千尺，不及汪倫送我情」好似李白對朋友的萬般謝意，「人生到處知何似，應似飛鴻踏雪泥」是蘇軾對人生的感慨，「流水落花春去也，天上人間」是李煜以淚洗面的亡國之痛，「香魂一縷隨風散，愁緒三更入夢遙」是曹雪芹感世傷懷的憐惜之情，「冬天來了，春天還會遠嗎」是雪萊對美的預言和呼喚……

　　下面讓我們一起來體味這作文世界中的朗朗乾坤，浩浩日月。

　　1．由此及彼，發現「大我」

　　【示例1】讀過陳富強的〈宋朝的雨〉後，可以這樣創設情境，與作者的情懷共鳴：蘇堤的南端有一座蘇東坡紀念館，人們在參觀中不僅能讀到蘇軾的經典詩詞，還能了解到他在當太守時的功績。假如你就是一名參觀者，你會在留言簿上寫下怎樣的感受？

　　★蘇軾，你就是那文學天地心裡的雨水，用自己的文采澆灌、滋潤著人們的心田。作為一個官員，你出色地完成了自己的使命；作為一個文學家，你更是將文學的種子撒入大地。遠遠眺望那蘇堤，彷彿又看到了你整天為西湖發愁的模樣，又彷彿看到了你看到其修復後欣喜的神色。遠遠傳來「水光瀲灩晴方好，山色空蒙雨亦奇」的詩句，又讓我陶醉在你的文字之中。那一句句飽含情意的千古絕唱更使此地增色。蘇

軾，正是你，西湖成為一種完美的景色。

上例形象性、抒情性強，情境飽滿，富有感染力，從大寫的蘇軾到「蘇軾們」，較好地完成了「我」與蘇軾的對話。就在這對話中，我的心靈得到了淨化，一種情懷在內心深處慢慢氤氳開來。

2‧你中有我，我中有你

你和我，是一個世界的不同角度，當我們每個人看到「你」的時候，也正是從另一個側面看見了不同的自己。每個人都是別人的風景和環境，「我」的命運中又總有「你」的牽掛，命運就是你周遭的人，善待他人，就是善待自己！

乾坤日月就是在你我的輪迴中永恆，「你與我」，可大可小，可實可虛，可古可今，可中可外，只要能讓我們和他人的生命飽滿而幸福的，都是值得尊敬的。

【示例2】請看二〇一二年「北約」作文題《暖》：

★暖並不是熱，它是一種恒溫。人生中，我們並不追求轟轟烈烈的情感，因為它轉瞬即逝，留下的只有回憶；只有溫暖才會持久。保持「暖」是一種積極的生活態度，它不麻木……暖是人們心中悲憫的情懷……

★暖雖然代表著一種向上的希望，但長久被暖所包圍反而會讓人不思進取，萎靡不振。現實與理想是有差距的，盡早衝出暖的溫室，有時反而能讓我們活得更堅強有力，更瀟灑自如。

★暖是夏日野芳沁人心脾的幽香，是冬日陽光慵懶愜意的光芒，是每一個人心中燦爛美好的善意。

★暖是人與人之間適宜的溫度：人與人之間過於疏遠顯得冷酷，而過於熱情也令人易失去自我。溫暖，是個體間感受到愛卻仍不失自由的恰當溫度。

★暖有時是一種誘惑，一個人的思想一旦依附於溫暖的享受，便從

骨子心裡失去了繼續在寒風中前行的堅強。

★暖是萌生罪惡的溫床。沒有冷得讓人戰慄，沒有熱得讓人煎熬，而是讓人在溫和安逸中走向深淵；就像沒有內憂外患的國家，終將在安樂中滅亡。

★暖不能孕育生命，卻能讓生命綻放。就像種子終將在泥土中熬過嚴冬，才能在春暖時綻開花蕊。

★暖是一種成熟的處世態度。不用熾烈去灼燒別人，也從不冷漠相對。用溫暖的胸懷去環抱這世間一切悲喜。

★暖是人類最純粹的渴望。中國人喜愛爆竹的聲響，是因為它在數九寒冬時給予了人心靈的溫暖，將團圓、希望散播九州，西方人不能沒有感恩節的火雞，因為在起伏的人生中，我們得到了太多人的暖意，我們也需要將暖給予更多需要它的人。當人們洗去浮華、利益心、銅臭氣，剩下的對暖、對親情友情愛情等情感最樸素的渴望，將人與世界緊緊地聯結在了一起。

★暖是人心中的一處陷阱，它源於生活的閒適卻更怠惰了人的意志，使人在暖的溫柔鄉中安於現狀，缺失了進步的動力與信念，生命不能在「暖」中沉淪。

★暖象徵著一種恰到好處的對待他人的方式，既關心愛護他人，也給予他人足夠的對於其獨立人格的尊重。既把別人當作自己，又把別人當作別人，予他人以暖意。

★暖是一種平和的生命狀態，不溫不火，寵辱不驚，是歷經滄桑後的超脫與釋然。無論外界如何改變，都保有自己內心的「暖」，並將它傳遞給他人，驅走自己和別人生命中的寒意。

★冰川融化，海平面上陸，全球變暖成為了最熱門的話題。可氣溫的升高卻愈加襯托出人心的冷漠，更可悲的是，我們能夠提倡低碳理念應對全球變暖，卻想不出一個將人心解凍的方法。人心不暖，到處都只

會是冬天。

　　★暖讓我們更了解冷存在的意義，教會我們珍惜與感恩。冷暖自知，生命中的每一種境遇都會成為寶貴的財富。我們難免喜歡暖，卻也不要害怕或逃避冷。因為冷暖交替，才構成豐富的人生。

　　以上這些語段，同學們從不同角度寫出了對「暖」內涵的自我獨到的思考、感受，這當中就是一次次自我的思想啟迪和情感淨化，值得借鑒。

【題目呈現】請將「我想留住＿＿＿＿＿＿」一題補齊，聯繫你的生活實際，自定角度，寫一篇文章。除詩歌外，文體不限，不少於八百字。

【解題簡析】這是一道很開放的題目，審題成文時需要我們關注以下幾點：

★我——第一人稱，寫出自我，有真情實感，這是題目的限制性特點；

★想——因為「留住」的是易逝的事物，所以不容易留住；結果或留住或留不住及其原因意義，這是題目的開放性特點。

橫線上填的詞語應是美好的有意義的且易逝的事物，注意其具象性和象徵性，這樣入手易寫；此題還帶有一定的抒情性，發自真心，所以深刻動人。

例如，我想留住感動、夢想、青瓦灰牆、那片森林、孤獨、歷史的真相……

★我想留住綠色

我想留住那一片綠色，是現實中的森林草原，更是心中的田野。希望留住那一抹綠色，不讓它在世俗中變得乾涸，不讓它在利益中枯黃，留住那一抹綠色，讓心靈嚮往春天。

★我想留住十八歲

但是只要熱愛著生活，哪一年不是十八歲呢？只要心還純淨，不被利益蒙蔽了雙眼，還相信理想，願傾注全力為之付出，心靈就還年輕。堅信每一天都是一個全新的開始。天亦如十八歲那年湛藍，草亦如十八歲那年青翠，守護住自己年輕的心靈，世界的變化又怎樣，容顏的蒼老又怎樣，一顆年輕而飽滿的心，擁抱每一個朝陽。

★我想留住人間四月天

我想留住梁林故居，這是沉痛的文化之殤。拆的是房子，痛的是文

化。名人故居除了建築本身的價值，更是一座城市歷史文明的微型樣本和魂魄所在，是我們這個城市獨特的名片啊！

★我想留住梵古

梵古本單純、博愛，卻只能在藝術的世界心裡塗抹出自己的夢，終於越陷越深，在他的麥田走向生命的終結。其實，只需世間多一點理解，多一點愛，就可以留住梵古，留住像梵古一樣痛苦地渴望生活、渴望理解的人們。

★我想留住清潔精神

在潔與恥尚沒有淪滅的古代，許多人用生命踐行清潔的精神。如今，當人們的行動越來越多的為利益所主導，我想留住壯士們當年捨生取義的清潔精神。

下面這些或片段或全篇，讓我們打開思路，一方面，看看橫線處究竟都可以留住些什麼，結果如何；另一方面，看看作者們一些獨到的思考和飽含情感而又優美的語言，到底帶給我們怎樣的啟示。

我想留住瑪律蒂尼

吳鴻儒

北京八中二〇一二屆，現就讀於北京交通大學。
熱愛讀書，熱愛體育，更熱愛踢球後酣暢淋漓的抒發。
不善於言表，喜歡一個人靜默地在文字中書寫人生。
樂觀、正直和堅毅，讓我堅定於自己的選擇。

二〇〇九年五月中旬，瑪律蒂尼在賽季結束後掛靴，結束了自己的職業生涯，帶著九百零二次出場紀錄，無數的獎盃與榮耀，瑪律蒂尼離開了他奔騰了多年的綠茵場。

即使再偉大的人，也終究抵擋不了歲月的侵蝕。二十四年，這個世界改變了太多，也將當初那個青澀的小夥子變成了德高望重的米蘭隊長。但唯一不變的，是那紅黑戰袍背後那個醒目的三號。

我從未因足球而哭泣。無論是米蘭登上歐洲之巔還是遭遇大比分失利，我還算能保持住起碼的「淡定」，但這次例外。當瑪律蒂尼在比賽結束之後向看臺招手的時候，我知道，一段傳奇結束了。是時候說再見了，我再也無法抑制住眼中的淚水。因為尊敬，因為感動，更因為他告訴我什麼叫作信仰。貝利是唯一的球王，但瑪律蒂尼代表了另外一個高度。在人們為了利益而犧牲一切乃至不擇手段的今天，瑪律蒂尼將自己的全部青春獻給了同一個俱樂部，這無關利益，這是一種忠誠，一種信仰，一種精神。現代社會中的絕大多數人會為了金錢而工作，麻木猶如行屍走肉。包括我，好好學習或許只是為了今後的生存。

這種追求太過「低下」。如果誰不承認的話，我想問，如果給你兩倍於現在的工資讓你回家歇著，你是不是會辭掉自己熱愛的事

業呢？是不是為了金錢而工作？雖然不願承認，但我們的確是在很沒有骨氣地為了金錢而工作。

　　但瑪律蒂尼不是，所以我敬仰他。當他不得不離開熱愛的事業的時候，我會感動得哭泣。我想留住瑪律蒂尼，希望他永不退役，永遠佩戴隊長袖標出現在每一場比賽。

　　古人，如陶淵明，可以做到這些，但那容易得多。在一切與金錢、功利掛鉤的今天，瑪律蒂尼能二十四年如一日地堅守自己的信仰，直到老去。他放棄了數倍於自己收入的高薪，尤其是在職業生涯的最後幾年，四十歲的他拿著全隊最低的年薪，與至少比他小一輪的球員競爭，卻往往仍是最努力的那個人，因為他在為自己的信仰奮鬥。他如同貝多芬、司馬遷、陶淵明和那些曾經的偉人一樣，為我們這個越發畸形與功利的社會樹立了一個榜樣，一座豐碑。瑪律蒂尼是我的精神支柱，儘管我永遠無法達到他的高度和他的人生境界。

　　但我想留住瑪律蒂尼，將這份信仰留在我的心中，直到永遠。

　　（高三作文）

　　「瑪律蒂尼」一個很多人不了解的名字，在作者的筆下，那麼值得我們敬愛，更值得我們捫心自問。作者一氣呵成，一篇「優品作文」優先要感動自己，然後才能感動別人，從而贏得別人的尊敬。本文和作者做到了，原因就在於發諸真情，同時對所寫對象有真實全面的了解，再加上自己獨到的思考，並與現實緊密結合，文章就格外有了分量。

王素敏

我想留住童真

胡博

北京八中二〇一二屆，現就讀於北京工業大學。

死生契闊，與子成說，是我對文字的喜愛。

切磋琢磨，高山景行，是我對文學的態度，更是我對生活的態度。

珍惜愛自己的人，做最美好的自己。

　　有童真的人愛生命，對時光流逝無比痛惜，因而懷著一種純真的愛意，把有關生命和時光的一切珍藏在心靈的穀倉心裡。

　　童真來自童年。無憂無慮地開懷大笑，毫不成熟地傻玩傻鬧，都是我關於童年的記憶，荒唐但卻真實。在時光流逝、浮華斑駁的日子心裡，我懷念童真，於是我搜遍自己的全身，希望還剩下一些童年的印痕，還有一些童真讓我可以留住我生命原本的模樣。

　　童年是短暫的，而童真卻可以超越時間和空間，聽憑那些有愛、有生活的人的召喚，欣然留在他們的心靈中，留在他們的目光心裡。

　　注視即將被收割的麥田，凝望最後開放的花朵，這是擁有童真的人獨有的情趣。

　　對抗命運與困苦的折磨，漠視他人尖酸刻薄的嘲諷，這是擁有童真的人富有的力量。

　　留住童真，便學會了樂觀，學會了放棄，便能永遠年輕，永遠不會被生活的滄桑磨去棱角。梵古在艱難的生活中走完自己的路，被疾病、貧窮與孤獨包圍，卻能感受到向日葵中的生命活力與星夜中的靜謐安詳，梵古把童真留住，失去了童年保有了童心，於是生活變得溫暖而感人。在泰戈爾身上，我更強烈地感受到了童心是可

以對抗苦難與不幸的，童真是可以留住甚至傳遞的。在《飛鳥集》繁星般的詩句中，我感受不到絲毫的煙火氣息，卻看到夏花之燦爛、秋葉之靜美。

像他們一樣，我渴望留住童真，因為它並不像童年以時間長短來衡量。認真生活，熱愛生命，獲得真實而踏實的那種自我存在之感，便是童真帶給我的感覺，便是童真留下的證明。

聖埃克蘇佩里創作的童話中的小王子說得好：「使沙漠顯得美麗的，是它在什麼地方藏著一口水井。」我相信童年就是人生沙漠中的這口水井，而純真便是沙漠中永不枯竭的愛的源泉。

我不再是孩子了，但我渴望留住童真。我驚訝於梵古和泰戈爾的永遠年輕，更歎服於童真和童趣的永不褪色。他們活在記憶中，更在生活中與我們時刻相伴。只要你願意就可以和童真永不分離，那些得不到和已失去的東西，便會在你的樂觀、淡泊的心態中夾雜著愛與美的風暴席卷你的生活。當風暴過去，海岸便滿是玫瑰。那是哲人為我們留下的童真，以純真的愛栽種自己的美麗之花，讓它開遍每個人的心田。

而我就在那裡，看著錄影機放映童年中的關於童真的故事。

（高三作文）

本文從情感到語言都是一流的優美和雋永，讀來能淨化我們的生活和心靈，尤其在高三緊張的復習備考之餘能有這樣的情懷，難能可貴，這需要一份平和淡然的心態和飽滿的心靈，來完成學業壓力的自我救贖。「童年是短暫的，而童真卻可以超越時間和空間，聽憑那些有愛、有生活的人的召喚，欣然留在他們的心靈中，留在他們的目光裡。」、「留住童真，便學會了樂觀，學會了放棄，便能永遠年輕，永遠不會被生活的滄桑磨

去稜角」、「認真生活，熱愛生命，……便是童真留下的證明」、「只要你願意就可以和童真永不分離」、「在泰戈爾身上，我更強烈地感受到了童心是可以對抗苦難與不幸的，童真是可以留住甚至傳遞的。」讀著這些意味深長的句子，心靈一次次被撞擊著，從「我」中見得「我們」，這是何等的「大我」情懷，讓我們愛不釋手。

王素敏

【附】

片段一：我想留住那場雪

　　該有多久不曾看過紛紛揚揚的飛雪，該有多久不曾聽過秋日空谷的跫音，曾深深陶醉在《阿凡達》那夢幻般的叢林，可抬起頭依然只有昏昧的天空。那場雪早已經被滾滾煙塵淹沒在夢境裡了吧，可我還固執地想留住它。什麼時候更多的人開始思念那場飛雪，什麼時候我們才能留住它，留住那天空如洗的澄澈，而不僅是讓它成為高樓剪影之後，一道漸漸退卻的傷痕。……我想留住的太多太多，可有些東西總是留不住，就像留不住流水的青山。人世間最痛莫過「捨不得」，是睿智莫過捨得，想留住的，並不都能留住，有時，放棄才是一種獲得。

　　……

　　雪在誕生之初纖塵不染，潔白無瑕，遮蔽了一切污穢，留住雪，是每個人對這世間一切純淨美好之物之情的嚮往與企盼。

　　只有親眼目睹了兩極的冰川轟然坍塌入海，聖潔的山巔不再白雪皚皚之後，恍然發覺童年中落雪的春節已不復存在之後，我們才意識到，有時思念雪比思念童年更令人憂傷。

　　梅在雪野的寂寞中盛開方能突顯其傲骨，白頭翁在冰霜中綻放方能突顯其頑強。我想留住雪，更想留住那因雪的洗禮而越發桀驁的風骨，愈加盎然的生機。

　　總有人想留住雪，冰凍封存住雪，換來的卻只是毫無生機的化學結晶。將雪小心翼翼地呵護在手心，卻瞬間消融無蹤。雪原本只屬於冬天，但春夏卻在融雪的潤澤下日漸生機盎然。秋的蕭索也終將掩於白雪之下，孕育出來年的春意。真正挽留住雪的人，其實是

在這年復一年的輪迴中永遠能夠找到雪留下的痕跡，感悟到雪的品格的人們。也許，當你能夠釋然地讓雪、讓一切值得挽留的事物順其自然地走向它原本的歸宿，而只是銘記住它曾帶給你的震撼、思考和感悟時，便是它永遠留駐在你心中之時。

（高三作文）

一場雪，平淡無奇，似乎更有些司空見慣，可作者偏偏要留住，所以這個命題讓我們有一種閱讀的期待。作者更沒有讓我們的期待落空，讀後總有一種哀傷的美，那些逝去的美好，如雪一樣聖潔易逝，「有時思念雪比思念童年更令人憂傷」，這樣的感傷之後，「也許，當你能夠釋然地讓雪、讓一切值得挽留的事物順其自然地走向它原本的歸宿，而只是銘記住它曾帶給你的震撼、思考和感悟時，便是它永遠留駐在你心中之時」，是作者給我們的釋懷，將一切逝去的美好濃縮在「雪」這個獨特的意象上。語言和形象思維能力之強，可見一斑。

王素敏

片段二：我想留住雷鋒精神

雷鋒已不在，而「雷鋒精神」依然在。我想留住雷鋒精神，「我」不僅指我自己，而是我們這個時代的所有人，「雷鋒精神」也不僅僅是「將有限的生命投入到無限的為人民服務的事業中」，而是我們這個時代的雷鋒精神，它更值得我們去留住和珍惜。

我想留住雷鋒精神——止於至善。行善有時未必轟轟烈烈，每個平凡人心中的善良都會是避免社會陷入黑暗的亮光。每個人的行為只需止於自己的至善標準，社會就不會變成一片荒漠。

我想留住雷鋒精神——盡職敬業。五十年前，雷鋒就提出在學習上要有一種釘子精神，善於「擠」和善於「鑽」。五十年後的今天，人們要留住這種釘子精神，對所從事的職業付出熱愛和投入。

　　我想留住雷鋒精神——踏實創新。雷鋒曾說：「我願永遠做一個螺絲釘。」甘於平凡，又做出不平凡的業績，這對辯證關係常被許多人忽視。現在，人們渴望一夜致富，成就傳奇，卻又忽視潛心實幹，最後只贏回一片浮躁的人心和破碎的泡沫，我們太需要留住這份螺絲釘的精神了。

　　我想留住雷鋒精神，不是因為我們已經失去了這種精神，而是因為在社會、科技發展如此迅速的今天，我們需要更多的人承擔起這份精神，使其融入骨髓而不是流於形式。唯有如此，我們才能讓人心與時代一同進步，去創造一個充滿人性光輝的社會。

　　一位在中國任教的美國女教師參觀雷鋒紀念館後曾留言：「雷鋒屬於世界。」所以，我想留住雷鋒精神，為了中國，更為了世界。

　　（高三作文）

　　這是一篇發人深省、鏗鏘有力的短評，作者旗幟鮮明地提出「留住雷鋒精神」，緊跟著指出「我們這個時代的雷鋒精神」。採用總—分式的結構，留住雷鋒精神關鍵在於「止於至善」、「盡職敬業」、「踏實創新」，這既是雷鋒精神的內涵，更是時代精神的昇華，「行善有時未必轟轟烈烈」、「對所從事的職業付出熱愛和投入」、「潛心實幹」這些思想是作者獨特而深刻的思考，最後用「雷鋒屬於世界」總結全文，是一篇時代感很強的小品文，能給我們很多有益的啟發。

王素敏

片段三：我想留住寒冷

我想留住寒冷，因為刺骨的寒冷能換來清醒。最無情的寒冷也恰恰是最理智的聲音，打破獨自沉迷的溫室，讓人們在現實的刺痛中覺醒。寧願在徹骨的嚴寒中冷靜地思考，也不願在溫暖的鐵屋子中昏昏欲死。

我想留住寒冷，因為寒冷是冬天最純正的味道。隨著空調、暖氣在我們生活中的盤踞，四季的溫差漸漸模糊甚至遠去，何必用人造的溫暖驅走神賜的寒冷？留住寒冷吧，這才是真正的冬日，也是真正的生活，更是對生命的挑戰和考驗。

我想留住寒冷，北風呼嘯，滴水成冰——這是自然對萬物的磨煉。寒冷中，我們悟得了生命的珍貴，也贏得了生命的尊嚴。

當矗立了萬年的冰山融化崩塌，當被雪覆蓋的世界之巔逐漸委頓了身軀，當北極熊被分崩離析的浮冰逼至一隅，當寒冷漸漸離我們遠去……驅走它的不僅是溫暖，更是貪婪。若貪念無盡，若漠視自然，或許有一天我們會徹底揮別寒冷。我想留住寒冷，更想留住這份本屬於所有物種、屬於所有生命的平衡。

我想留住寒冷，沒有寒冷，我們從何感知暖的來之不易與彌足珍貴？

（高三作文）

留住「寒冷」，聽來有些不可思議，但當我們認真讀後，才發現，這是一個多麼值得一提的、深刻而深沉的思想和情懷！從「寧願在徹骨的嚴寒中冷靜地思考，也不願在溫暖的鐵屋子中昏昏欲死」到「何必用人造的溫暖驅走神賜的寒冷」、「寒冷中，我們悟得了生命的珍貴，也贏得了生命的尊嚴」再到「我想留住寒冷，沒有寒冷，我們從何感知暖的來之不易與彌足珍

貴」，這樣層層的深入思考，沉重而又充滿深情和睿智，時時撞擊著我們的心靈。

王素敏

【題目呈現】請以「清明節」為生活和文化背景，以〈我從哪裡來——清明尋根〉為題，談談自己的感悟和體會。

要求：「根」可實可虛，有真情實感。

【解題簡析】春天萬物萌生，對於這樣的節假日，我們可以有所思考，有所心得，把它記錄下來，是對自己、對生命、對親人故鄉、對文化傳承的一次梳理，是對自己心靈的一次淘洗。所以，關鍵在於「根」的挖掘程度，這個題目實際上啟發、引導我們來思考「我從哪裡來，我到哪裡去」這樣深刻的哲學命題。只有清楚「我從哪裡來」，才能清楚「我到哪裡去」，才能真正意義上明白生命的可貴、精神之故鄉的回歸。

以下的文章與片段，會讓我們有所觸動。

清明尋根

劉錦成

北京八中二〇一二屆，現就讀於美國德拉瓦大學。
我是一個樂觀向上、愛好廣泛的有志青年，
喜歡感受生活中的一點一滴並記錄下來，作為我生命成長的見證，
回首向來，才會一路風光。

　　轉眼間，又到了清明。幾天前就聽同學和大人們說起清明節掃墓之事，我不禁想到：人們為什麼都趕去在清明節掃墓？清明究竟是什麼樣的一個日子？我很幸運，奶奶、爺爺、姥姥、姥爺都還健在，所以，我並不十分理解「清明」意味著什麼。於是，今天，我下定決心要搞清楚什麼是清明。

　　看著天空紛紛飄落的星星雨點，我的心也漸漸沉重起來……

　　我獨自坐車來到了一塊墓地，這裡的人可真不少，但是卻很安靜，沒有人大聲說話。他們像朝聖者一樣來到這裡，獻上一束小花，沉思片刻，不覺間，眼睛已閃爍著點點螢光了。

　　「他們也許是在懷念早已逝去的親人吧，」我想，「也許是想起了小時候和前輩在一起的那段回憶吧，也許是想起了故鄉的親人們吧」……

　　想到這，我似乎明白，原來清明就是讓人們想起那些我們不該忘記卻忘記了的人和事；就是讓人們停下匆忙的腳步，去懷念逝去的人們的日子；就是讓人們去尋根的一個節日；就是讓人們靜下心來想想我究竟是誰，我該怎樣珍愛生命、怎樣珍愛身邊的一切的節日，懷遠而慎終……

　　清明祭祖，是中華文明禮儀的優良傳統，同時清明祭祖也是中

華民族尋根謁祖的心願滿足。人們之所以緬懷先人，祭祀祖先，是因為他們是我們自己的來源。我們現在的幸福生活是我們祖先用他們的雙手辛勤勞動換來的。他們的辛勤奮鬥是我們繼續前行的起點，而這就是尊重生命與敬畏歷史的不竭動力。雖然當今處於全球一體化的交融時代，「我是誰」以及「我從哪裡來」，這等心靈追問的尋根意識仍舊是必不可少的。

的確，如果沒有祖先，沒有前人，又哪裡來的我們呢？如果不是他們的辛苦拼搏，我們又是如何過上如今的美好生活？馮友蘭曾說過：「祭祀並不是因為靈魂真正存在，只是祭祀祖先的人出於孝敬祖先的感情。所以，禮儀的意義是詩的，不是宗教的。」祭祀掃墓這種莊重的儀式是一種情感上和道德上的真實。

那麼，我的「根」又在哪裡呢？我的籍貫是河南，卻生長在哈爾濱，直到十歲才跟隨父母搬家到北京。哪裡又是我的故鄉呢？曾經困惑的我，似乎那間明白，我的「根」就在哈爾濱。因為在那裡，不僅有我的親人，還有我成長的足跡。這是我不能忘記的故鄉，但是有時，我卻把它忘記了。

如今的故鄉哈爾濱，已經發生了翻天覆地的變化，兒時住的老樓早已被拆掉，小學的校舍也翻新過不知多少次了。那曾經的一切是否連同老舊的房屋和街道一樣「灰飛煙滅」了呢？她還是記憶中的故鄉嗎……

不知什麼時候，我的眼開始有些模糊，模糊在故鄉人和故鄉事的幻影中……

我想，我始終沒有真正地忘記兒時的故鄉，因為那段回憶已被塵封在心底柔軟的角落，唯有清明之時，她才會被喚醒。清明一過，便繼續塵封著。

天色漸暗，不知何時竟然飄起了雨絲。在回家的車上，望著車窗外紛飛的細雨，看著這霧濛濛的大地，我似乎明白了，我們一生

苦苦尋找的那個「根」，不在祖先的墓地裡，不在他們的故鄉，更不在自己的故鄉。那個「根」，就在我們塵封的心裡⋯⋯

（高一作文）

文章的感人之處是作者通過一次心靈的追問和旅行，讓我們和他一道思考並明瞭了一個我們每個人都要面對的問題。從不解到追思再到回答，一個心靈洗禮和收穫的過程，這個過程是作者自己獨自完成的，而且答案獨特、深刻：

「原來清明就是讓人們想起那些我們不該忘記卻忘記了的人和事」、「那個『根』就在我們塵封的心裡」，切身的經驗和感悟發諸心底才能直達心底。所以，對讀者而言，這是很有意義的思考與表達。

王素敏

【附】

片段一：為君碑歌

又是一年清明時，當我們佇立在無數墓前的時候，看著別人的碑文，總會有無數的想像，雖然鐫刻的故事不同，但我知道，碑石之下躺著的是個豁達、風趣、熱愛生活的人。

我們看夠了大人物的碑文，有時看一下普通平凡人的碑文，了解他們的豁達和他們對生命的理解：

「我一輩子都花在為人填補蛀牙上頭，現在這個墓穴得由我自己填進去了。」這是一個牙醫的碑文，看得出他熱愛自己的職業，把它當作自己生命的全部；也看得出他的達觀和釋然，因為死亡和補牙一樣，是他必須經歷的。

這是特屬於百姓的幽默，把自己的死亡看作工作，還有什麼好怕的呢？所以，他在活著時也是堅毅熱愛生活的。

「我去過鐵嶺。」這是最簡練的碑文了吧。一個這樣簡單的願望，刻在碑上就覺得有些沉甸甸。這是個心意滿足的人，或者說，容易被滿足的人，他有著樂觀的心態。

「吸煙要了我的命。」類似廣告的碑文，勸諭人們不要拿健康當兒戲，對陌生人的勸告表現著對陌生人的愛，一份最淳樸的感情。

......

這就是普通人的碑文，灑脫、幽默，真情流露。我們通過碑文，了解了他們的個性和價值，明白了他們只希望我們活得更好，並把他們的達觀傳下去。

所以說，百姓的碑文像民歌，把好靈魂傳播下去，發人深省。

為君碑歌，讓我一下子懂得了生命的飽滿和厚重，無論我們生前多麼平凡，都那麼值得珍惜。

（高一作文）

（相冬，北京八中 2012 屆）

「為君碑歌」中體現著作者對生命、對他人的無限敬意，文中所選的普通人的碑文，讓我們怦然心動，然後思考，這些碑文背後曾經深刻而飽滿的存在，語氣平緩，卻有著很強的撞擊力。為此，我們感謝作者為我們提供這樣一個由此及彼的思考機會。

王素敏

片段二：我究竟從哪裡來

「我」，指的不僅是自己的身體，更重要的是內心的人格和品質。在清明節之際，大家都在祭祖、感恩的同時，我也應該反思——我從哪裡來？

我的軀體由父母養育。自從呱呱墜地，我就與父母、與祖輩血脈相連，成為了家族中不可分割的一部分。父母的精心呵護與循循善誘使我們擁有了健全的身心。感恩父母，「我」從他們深深的愛中來。

我的精神由祖輩傳承。按照中華文明的傳統，每個家族都有家訓，有著祖祖輩輩傳承下來的處世的原則和理念。我們舉手投足間的家教、待人處世的觀念等，無一不受祖輩們的影響。感恩祖輩，「我」從他們代代相傳的薰陶中來。

　　我的人格由自己塑造。當我們能擁有了自己的思想、世界觀之後，對自己人格的塑造也就主要靠自己了。接受考驗、正視挫折、抓住機遇等都是我們必經的一關。在不斷的積累過程中，我們若對自己十分了解，能夠把握住自己，擁有堅強的意志力、博大的胸懷、過人的膽識……這些美好的品質。而我們若不會反思自己，心態不正，就有可能迷失自我。因此，「我」更是由自己塑造出來的啊！

　　當被問「我從哪裡來」時，大多數人會感念父母的培養、祖輩的薰陶，可誰又會想想自己這個人生的掌舵手是怎樣選擇方向的呢！

（高一作文）

（余茜，北京八中 2012 屆）

　　本文的思考富有層次，「感恩父母，我從他們深深的愛中來」、「感恩祖輩，我從他們代代相傳的薰陶中來」、「我更是由自己塑造出來」，作者對「我」的理解是比較深刻的，肯定祖輩父輩的同時也有屬於自己的一份擔當，這個觀點引發我們重新思考自己生命的價值和方式。

王素敏

【題目呈現】閱讀下面材料，按要求作文。

一位詩人這樣寫道：因為有了你，生活便多了一抹美麗的色彩。這句話觸發了你怎樣的聯想與感悟，請聯繫生活實際，寫一篇文章。自擬題目，自定角度，除詩歌外，文體不限，不少於八百字。

【解題簡析】在這個題目中我們需要關注兩個關鍵字：「你」、「色彩」。「你」決定了題目的開放性，考查大家視野的寬度；「色彩」考查大家思維的深度。構思成文時需要明確界定「你」的內涵，然後再闡述「色彩」的內涵，給同學們以廣闊的寫作空間。

★你：可實可虛，可古可今，可以是一個具體的人或一群人，也可以指某種事物等；

★色彩：體現著獨特的你的個性、價值和意義，與我們生活息息相關，彰顯著真善美的魅力。

下面這些文章，對「你」的內涵的界定和挖掘，頗具有啟發性和借鑒意義，讀後定會有所收穫。

因為有你

馬文玉

北京八中二〇一二屆，現就讀於清華大學。
細膩大氣和灑脫的文字，給人以鮮明的印象。
沒有女生嬌喘微微的柔弱，而是颯颯英姿，不甘人後。
有著獨立的思考、個性和出眾的才能。曾被評為清華領軍人物。

看如今武俠已與我們的生活漸行漸遠，作此文，來紀念一時影響我至深的武俠。

——題記

因為有你，我的生活中便多了一抹美麗的色彩。「武俠」，你為我帶來了生命中最絢麗、最恒久的一抹色彩，烙印在我心上，融化在我的血液裡。在許多人眼裡，你或許被看作如「下里巴人」一樣的俗物，但你卻留給了我至深至遠的影響。

白衣飄飄的儒俠，腥風血雨的江湖，是你留給我的最初印象，你開闊了我的眼界，讓我第一次知道，有一座山叫「武當」，有一種中國文化的瑰寶叫「武術」。它們彼此交織，構成了一個一時令我留戀不已的新世界，為我們的生活添了一抹異樣的鮮明色彩。

然而，當時光一點點流逝，當我走入社會，我才漸漸明白，原來這些遠不止你存在的價值，倘若只走馬觀花地欣賞其中的情節，或許只看到了「武」，卻未必真正理解了「俠」。「俠」是一種精神品質的內核，各種「俠」的具體體現交織，成就了讓我由衷喜愛的「武俠」。兄弟間至深至純的手足情，「言必信，行必果」的俠義精神，「俠之大者，為國為民」的擔當精神，等等，這些彙集起來，共同撐起一個「俠」字。

我漸漸明白，「武俠」與司馬遷所述《游俠列傳》的「俠」是有異曲同工之妙的啊！你或許正在呼喚那被世人唾棄淡忘的「俠義精神」，被世人不屑一顧的「清潔精神」。這難道不是現實中許多利慾薰心之人所缺失的嗎？難道不是我們這個道德滑坡的社會需要的嗎？由此，「武俠」，你在我的身上、我的性格中留下了最明亮的精神色彩，我為親近你而驕傲。因為有你，我也變得正直，變得重情重義。

　　但是，這卻不是我對「武俠」全部的認識。有人說，一種「大文化」應該是滲透在千家炊煙、萬家煙火之中的。那麼，武俠中承載的是不是也有影響了一代人的「俠文化」呢？如果你曾給我的生活留下明豔的色彩，「武俠」，你是不是也影響了千千萬萬的青年，滋潤了他們被當代的銅臭味薰染的烏煙瘴氣的心靈？

　　同時，我認為，我們的時代也依舊需要「俠文化」的光輝。不然，為什麼孩子遭碾壓、老人滑倒卻無人出面伸出援手？「俠」文化中所謂「路見不平，拔刀相助」，雖然有些綠林氣，卻難道不也是現代人性格中缺乏的熱情與良知的具體表現？這樣看來，「武俠」，你能留給我們生活的色彩又豈止是「武俠小說」這樣單純？你留給我們的是文化的色彩和人性的光輝！

　　然而，隨著武俠小說的遠去，你也離我們的生活越來越遠，本以為你在消逝，本以為你也要遠去，本以為你的色彩也會被時代淡忘。但近些年，卻在《葉問》一類影片中又一次看到了你「穿上新裝」的身影。我恍然明白，你是一種當代需要的文化，有永不褪色的色彩，遠去的只是那白衣飄飄的俠士，但你在蛻變，你終會向社會回歸，而我，也將一直期待你的歸來。

　　因為有你，我的生活中才有了如此不尋常的一抹美麗的色彩！

　　（高二作文）

讀罷此文，有一種感動在心底湧動，的確，武俠小說曾在某種
程度上塑造了中國一代青年的心靈，而本文作者就是其中滿懷
深情和眷戀的一員。文章充滿著一種「大我」的情懷和激情。
處處結合自身的體悟，以第二人稱貫穿全文，親切便於抒情。
同時文章又不失深刻的見解，將「武」和「俠」分析得十分深
刻，「俠義精神」、「清潔精神」、「擔當精神」等被作者詮釋得
很到位，直指時弊。同時又將武俠上陞為一種「文化」，並聯
繫司馬遷，這樣就不單單是出於對武俠小說的喜愛之情了，有
了一定的高度，最後滿懷希望地呼喚武俠精神的回歸，頗具感
染力，實為難得。

王素敏

生活因泥濘而多彩

張浦洋

北京八中二〇一二屆，現就讀於復旦大學。

天資聰明，卻從來不引以為傲，因為堅信聰明不是懈怠的藉口。

樂觀向上，愛好一切充滿活力的運動，常常以此鍛鍊自己，堅定於自己的夢想。

人們心中理想的生活往往被這樣詮釋：富足、幸福、自由……若是提一個「哀愁」，都不免帶上鄙夷的色彩。那我要說的泥濘，豈不更令翩翩君子們所不齒？

甚至是，不恥？

何為泥濘？苦難是也。如果將歷史比作一條路的話，我想它一定是條泥濘的路。孔子周遊列國的木車之下，不能沒有泥濘的車轍；林則徐西去的路上，不能沒有泥濘的馬蹄；南泥灣火紅的高粱地裡，不能沒有泥濘的腳印。

我們的祖祖輩輩踏過泥濘，泥濘給他們的生活增添了一抹抹灰色。沒有灰色的車轍，何來幾千年來「你耕田來我織布」的幸福？沒有灰色的馬蹄，何來新疆奴隸們筋骨破碎的自由？沒有泥濘的腳印，何來「塞上江南」的富足？

因為前人的泥濘，才有了我們今天生活的多彩。

如今呢？人們反而鄙視泥濘，甚至懼怕泥濘了。只想找個「鐵飯碗」，找個程序化的安逸工作。沒有夢想，因為不敢追求；沒有追求，因為害怕苦難；沒有苦難，生活絢麗了，卻歸於平淡和蒼白。

我們沒有理由嘲笑滿身泥濘的人。人生如逆旅，本身就包含了

失敗的因素。

　　沒有跋涉的人，必然不會有泥濘，也必然不會登頂。

　　滿身泥濘的人，他們看透了生與死之間的距離。與其一輩子在山腳碌碌無為，不如抬起頭向上，迎接泥濘的人生路。生活因泥濘而多彩，不只在於山頂的無限風光，更在於泥濘的過程。不一定富足或是自由，可我敢說它一定因多彩而幸福。

　　生活因泥濘而多彩，並不意味著刻意追求泥濘，卻在於你在面對泥濘時敢於挽起褲腿蹚過去，在於你面對泥濘時依然平和，依然執著追求夢想的心態。甚至，在泥濘中前行，你將體會到完全不同的旅程，體味到五味雜陳的人生。

　　因為你自己的泥濘，你的生活才將多彩；別人也因著你曾經的泥濘跋涉而格外幸福！

　　不齒泥濘的人，是膽小者；不恥泥濘的人，是嫉妒者。

　　那麼，就不要再猶豫。在泥濘的道路上，你不會孤獨，那裡有前人的車轍、馬蹄與腳印，那裡有你身邊的勇敢者、夢想者，他們與你並肩前行。

　　總會有一天，你將驕傲地告誡後生：擁抱泥濘吧，生活因泥濘而多彩！

　　（高二作文）

　　「不能沒有你」，這裡的你是「泥濘」，這是多麼與眾不同的想法，一下子就成功了一半！好的立意和構思是需要智慧和眼光的，這來自於平日的思考和積澱。然後將對待泥濘的態度分為「不齒」和「不恥」，從泥濘中跋涉過來被後世之人所銘記的孔子、林則徐等人證明了泥濘的價值和意義，與現實中懼怕泥濘的人形成了鮮明的對比。整齊的排比和反問句式，讓文章頗

有氣勢和感染力，流暢清晰的思路和表達，也是值得肯定的。

王素敏

生活因你更美麗

胡博

北京八中二〇一二屆，現就讀於北京工業大學。

死生契闊，與子成說，是我對文字的喜愛。

切磋琢磨，高山景行，是我對文學的態度，更是我對生活的態度。

珍惜愛自己的人，做最美好的自己。

　　一位詩人這樣寫道：因為有了你，生活便多了一抹美麗的色彩。

　　能讓生活多一抹色彩的，是「二十四橋明月夜，玉人何處教吹簫」的十里揚州，生活因笛聲悠揚而更美麗。

　　能讓生活多一抹色彩的，是「青山隱隱水迢迢，秋盡江南草未凋」的夢中江南，生活因景色秀美而更美麗。

　　對於一位詩人來說，能集草木山川之美、歌舞笙簫之麗於一身的，便只有詩歌了。詩歌凝聚了詩人的智慧與情思，讓我們的生活更美麗。

　　詩歌「可以群，可以怨」，它「哀而不傷，怨而不怒」，映襯心情，抒發情懷。那本是清冷的孤夜，讓人垂淚到天明。可是李白的一句「舉杯邀明月，對影成三人」不僅道出了自己的孤單，更飽含著一種樂觀而積極的心態。與其一人掩面，不如邀月開懷。縱是高處不勝寒，亦可換得美酒共消愁。愁與酒、酒與詩本為一體。正是詩歌穿越了千年，將李白的生活展現在我們面前，那個「行路難」的李白，那個「將進酒」的李白，是詩歌一路與他相伴，為他解憂，為他澆愁，讓他抒遣愁情，在挫折中繼續自己精彩的詩人。李白的生活因詩歌而更美麗。可以毫不誇張地說，是詩歌將一位酒徒與詩

人分開，是詩歌成就了李白的個性與風骨。

在失意中狂歡，在狂飲中作詩，詩如杜康，可以解憂，生活便多了些寬慰與希望，顯得更加美麗。而詩人在失意中展現出的不屈的個性與曠達亦寓於詩中，為今人的生活增色。

其實，詩歌不僅是屈原的「哀民生之多艱」，不僅是蘇軾的「寂寞沙洲冷」。

詩歌原本明媚，給人以生活之情趣，展現出生活之美。

面對秋景，劉禹錫有詩云：「自古逢秋悲寂寥，我言秋日勝春朝。」就是這短短兩句詩為我們的秋日生活增添了一份情思，原本略帶感傷的事物，經詩情渲染，為我們的生活增添了美麗。

面對秦川，《詩經》中那一句「蒹葭蒼蒼，白露為霜。所謂伊人，在水一方」，為蒼涼壯闊的秦川增添了靈秀之氣，使原本黃沙一片的秦地多了一抹水的清澈，天的蔚藍，露的潔白，伊人服飾的絢爛。原本單調的面朝黃土背朝天的生活，就因這一句詩歌增添了夢境般美麗的色彩。

正如川端康成在旅館中欣賞凌晨時分未眠的海棠花時產生詩情那般，在平淡生活中的細心觀察與感悟所創造的如詩歌般美麗的事物會反作用於我們的生活，使之充滿情趣之美。在那裡，月亮圓滿，伊人不憔悴；前世今生，刻三生石上。

詩歌，原來可以培養我們的詩情，教會我們發現生活之美。

如果詩歌只能解憂怡情，縱是能為我們的生活添一抹亮色，也必不會持久。

仔細想想，人生四季，也像極了詩歌的起承轉合。年少輕狂，終會在老年沉靜下來，但這之中夏章的絢爛，秋章的豐富，便是我們人生中最值得珍藏的美麗。

原來詩歌創作源自生活，有了好的開端，在關鍵時刻的正確轉型，才能贏得最終的燦爛，生活也因此更加美麗。

詩歌，你是詩人的摯友，更是我們的良師，生活之情、生活之美、生活之理都由你孕育。詩歌，生活因你更美麗。

（高二作文）

　　選擇「詩歌」作為「你」的內涵和外延，需要厚實的積澱和深入的感悟，駕馭得好，本身就可以是一首含義雋永、耐人尋味的詩，本文做到了。第二、三兩段整齊排列顯示出詩歌的魅力和色彩，以李白的酒與詩的關係充分論證了詩歌之於李白一生的魅力和影響，尤其那一句「是詩歌將一位酒徒與詩人分開，是詩歌成就了李白的個性與風骨」是文章的點睛之筆。緊接著依舊是詩歌讓自然和生活美不勝收。更意想不到的是最後說「詩歌，你是詩人的摯友，更是我們的良師，生活之情、生活之美、生活之理都由你孕育」就由詩歌上升到人生，昇華了主旨。清雅的語言和豐富的詩詞積澱也是可圈可點的，實為難得的「優品作文」。

王素敏

不能沒有你

戴祚銘

北京八中二〇一二屆，現就讀於復旦大學。
無論學習還是生活從來都是一絲不苟，
舉止言談透露著紳士一樣的修養和內涵，不做作不浮誇，
腳踏實地地學習，認真對待生活中的每個細節，從中發現著不一樣的美。

陽光，生活不能沒有你，世界不能沒有你，生命不能沒有你。你是一切靈夢的結束，你是所有希望的開始。有位詩人曾說：因為有了你，生活便多了一抹美麗的色彩。我想說：不能沒有你，因為只有你，才能讓我們的生活擁有色彩。

梵古不能沒有你。他如此深愛著這個世界，但世界拋棄了他；他如此深愛著每一個人，可人們亦拋棄了他。只有你，你在阿爾的化身，那一輪最純澈最溫暖的太陽，透過梵古那憂鬱的瞳孔，直抵他的心房。梵古不能沒有你，只有你才能如此忘我地在梵古的畫布上燃燒；只有你，能給一個悲傷的藝術家的生活增添一抹如此美麗的色彩；也只有你，才能通過梵古讓我們的世界多了一抹美麗的色彩。

福樓拜不能沒有你。他如此地信仰著你，以至在自己的時間表中特意加上了「按時看日出」。黎明時的你是福樓拜心中最澄澈、最有活力、最能給人力量的存在。有人說：生命最細緻的思考需要最寧靜、最透徹的觀照。我想，他在《包法利夫人》中的深刻一定來自你給他的寧靜與透徹；他每日的勤勉也一定來自你在清晨給他洗禮時注入的生命力。福樓拜不能沒有你，只有你才能讓他的生活有了色彩，也因為有了你，我們的世界便多了像福樓拜這樣的色

彩。

梵古不能沒有你，因為有了你，梵古才有了藝術的生命。

福樓拜不能沒有你，只有你才能給他安靜的力量。

那我呢？

我也不能沒有你，你是每天清晨唯一能喚醒我靈魂的存在。我無法想像地牢下終日不見陽光的人們如何活著，我更無法想像沒有了你，我該如何活著。

你在黎明時的樣子如同一位呵護世界的天使。看著你那份消退黑暗的光亮，我看到了世界；感受著你那份驅散寒冷的溫暖，我感覺到了世界。看著黎明時的你，我對生命更有了希望；看著黎明時的你，我感到這一天便多了一抹色彩。

我不自量力地認為我自己和梵古與福樓拜一樣，需要你。生活不能沒有你，梵古這樣想，福樓拜這樣想，我這樣想。我相信，一定有更多生活著的人們也這樣想。

不能沒有你，因為有了你，生活才有了一抹美麗的色彩和光明的希望。

（高二作文）

「不能沒有你」，一句斬釘截鐵的話，讓我們思考「你」究竟該是什麼？每個人可能都會有不同的回答，本文的別致之處，將你定格在「太陽」上。於是一一列舉梵古、福樓拜說明太陽之於他們就是生命和一切，然後聯繫到「我」，「我」也和他們一樣，所有熱愛生命的人，都需要太陽。這樣層層推進，層次清晰，感情飽滿而真摯，處處顯示著「我」的存在，而這個「我」中又體現著每個人的身影和思考，頗有感染力。

王素敏

【題目呈現】閱讀下面的文字，按要求作文。

「小確幸」一詞，出自日本作家村上春樹的隨筆，由翻譯家林少華直譯而進入現代漢語，意思是「微小而確實的幸福」。

何為「小確幸」？口渴的時候，手邊正好有一瓶水；排隊時，你所在的隊前進得最快；電話響了，拿起聽筒發現是你正在想念的人……這些就是生活中儘管微小但確實令很多人感到幸福的東西。

對於「小確幸」，你有怎樣的認識與感悟？請自定角度，自擬題目，自選文體（詩歌除外），寫一篇不少於八百字的文章。

【解題簡析】「小確幸」是個很時尚的詞語，其實細細想來，其內容並不陌生，甚至頗為熟悉，這就是這個題目的妙處所在：平中見奇、陳中出新、以小見大，應該是把握這個題目時想到的。至於是寫個人還是大家、歷史還是時代等，只要能體現「小確幸」豐富的內涵，都不失為佳作。

看看下面的例文，是如何理解並發現「小確幸」的。

尋找「小確幸」

魯憶

北京八中二〇一三屆，現考取中國人民大學。

中學時代最後一次鈴聲儀式上作為全體畢業學生的代表給母校留下深情的表白，

這樣的殊榮對一個高中生來說是莫大的肯定。成熟踏實，內斂而能力強，

讓人感覺到一種可以信賴並依靠的力量。

　　每一代的人都在過著不同的生活，然而每種生活中都一定有「小確幸」的存在，只要你善於發現，善於把握。

　　也許很多人覺得快速發展的社會生活狀態下，人們已無暇去尋找那些微小的幸福了，或者那種幸福早已流失在忙碌的街頭。可是有些人卻不這麼想。伊拉克少年卡瑪爾所生活的環境中有硝煙與戰火，有槍炮的轟鳴，「山坡上的靈車來來往往，日以夜繼」。在我們眼中，戰爭或許足以破壞掉所有微小的幸福，只留下生活的殘酷。然而卡瑪爾卻攜相機將所有他眼中的「小確幸」記錄了下來：某天恰到好處的陽光、一杯溫暖的咖啡、鄰家老奶奶溫和的微笑⋯⋯這些生活中的點滴溫馨，即便在戰亂時都依舊存在，因為它們是生活的本來樣子，是你久居其間的卻又常常被你忽視的上帝的恩賜。它沒有理由消逝在彌漫的硝煙中，更沒有理由消逝在看似被物欲吞噬的高速發展的社會濁流中。如今的我們，常常抱怨社會的不公，抱怨幸福的流失，卻從未實實在在地返身打量自己的生活。人們蝸居在大城市中，遺漏了多少生活中美好而轉瞬即逝的片斷，其實，只要回頭問問自己何為生活，回過頭去探尋生活的初衷和本意，就會發現許多我們已當作理所當然的善與美的瞬間，都可以萌發幸福的種子。

「小確幸」，它如此真實地存在於生活中，值得人們去把握和珍藏。在對「小確幸」的漠視和拋棄中人們開始對社會感到不滿意，對人生心生倦意。而只有守住這些微小而實在的幸福，才可以握住生活本真的美好，不被社會時時卷起的風塵蒙蔽雙眼，迷失了自我，所以請守住屬於自己的生活和幸福。村上春樹的作品中常感喟於現代人迷茫孤獨的心理狀態，而他給日本人開出的良方即是對「小確幸」的尋找。讀他的小說，常使人為某一瞬間而心動，這瞬間或是主人公一個淡淡的眼神，或是一片海灘、一首歌，更或者只是那種淡然處事、玩味孤獨的生活態度。這些瞬間，長久地留存在現代人的心靈深處，讓人漸漸在生活中發掘出詩意。這些瞬間的力量，不正是「小確幸」的力量嗎？若人因為微小的美麗而活，這些美麗的片斷給人以從容安寧的狀態，給人以向上的力量，讓人明白了生活應該是什麼樣子，人們還可以追求什麼樣的生活。於是「小確幸」可以指導現代人走出這座孤獨的迷城，平靜而踏實地在對美麗的把握中去暢想未來，而不是封閉在迷惘而灰暗的牢籠中。

《金薔薇》中，老鐵匠費盡半生，在沙子中淘出點點金屑，在生命的最後鍛造出一朵亮麗的金色薔薇。這些「小確幸」，正是我們生活沙子中的金屑。讓我們共同去尋找它們，「千淘萬漉」，鑄就出自己的「金薔薇」，並在對那朵漸漸閃爍光芒的金薔薇的美好懷想中，堅定而積極地生活下去。

（高三作文）

這篇文章讀起來親切自然，如緩緩流淌的小溪，就像「小確幸」一樣，給人舒緩的感覺。先從「伊拉克少年卡瑪爾」說起，使「小確幸」的內涵飽滿、鮮活，然後說到我們，再從我們說到

村上春樹，結尾含蓄耐人尋味，給文章增添了詩意。

王素敏

那些不一樣的「小確幸」

陳朝熹

北京八中二〇一三屆，現考取北京大學。
傳遞正能量是一種自覺的習慣，博覽群書，熱愛文學，
渴求知識是其不變的本色。作為全體畢業學生的代表在成人儀式上發言，
這是值得紀念更值得驕傲的殊榮。

　　總覺得著名畫家幾米的《懸崖聽風》是無論在何時何地都能撥動心弦的「小確幸」。一個穿著碎花布裙子的女孩，在陡峭得令人心驚的懸崖邊上，任憑風的撫摸，鳥的呢喃，閉眼靜聽幸福的足音。在迫近靈魂透徹的一那，萬千光華凝結成的微小幸福感，無法觸摸卻真實存在。

　　在我看來，這種幸福不在於物質上的巨大富足，而在於精神上的享有。然而，恣意悠閒的生活中的「小確幸」終是隨處可見，看多了也不足為奇。漸漸的，我看到了更多擁有不一樣「小確幸」的人。

　　前段時間在雜誌上讀到品評俄羅斯文化的文章，令人感觸頗深。當年俄羅斯最困窘、最貧窮的年代，家家戶戶依舊在晚餐時精心鋪好桌布，女主人插上最美的花，擺上調成昏暗柔和的燭光，與丈夫、孩子共用美好生活。他們依舊會在休息時閒逛藝術博物館，依舊會在陽光燦爛的日子曬太陽。是的，哪怕桌子上只有兩塊乾麵包，哪怕口袋裡沒有了叮噹響，他們依舊努力在找著，創造著「小確幸」。他們貧窮卻不卑微，生活不給他們幸福，他們卻在日子的縫隙裡抓住了細如沙末的美麗。

　　於是，也就明白了林賢治筆下「精神貴族」的含義。順境中的

小幸福固然是錦上添花，令人羨慕，然終是無法擁有攝人心魄的永久力量。而能在逆境乃至生活的暴風雨中觸摸到轉瞬即逝的幸福，可謂是真正「精神明亮的人」。他們自信能用一顆愛著生活的心換來一個豐富高貴的靈魂，他們自信能用點滴的「小確幸」換來珍貴的「高品質生活」。

然而，在今天，又有多少人能擁有伊拉克那個八歲少年卡瑪爾‧雜湊姆的心境呢？我們幸運，因為我們的周圍並非烽火連天、血流成河，我們亦不會被「山坡上的靈車來來往往，日以夜繼」所震懾。然而，現代的我們卻難覓那種給棕櫚樹照相、給升起的雲霧化妝的清純的小幸福了。有人說，我們都是遠視眼，看不清離我們最近的幸福。可是，連困境中的他們都不會讓幸福從指尖溜走，我們還有什麼值得整日愁眉、憂心忡忡？

「今天，你幸福了嗎？」白岩松向著時代發問。高薪高位無法給你細膩如脂的「小確幸」，正像奢華靡貴的洛可哥畫風無法給人詩意的享受。行走於困境邊緣也好，官場職場如魚得水也罷，你要的屬於你的幸福，誰都搶不走。

「我要的，不過是一株懂我的、我懂的花樹。」用心去生活吧，去聽燕在樑間的呢喃，去看人間的四月天。

小確幸，不過如此。

（高三作文）

這篇文章文筆優美，充滿詩意和溫情，筆法細膩，行文流暢。以一幅畫開頭引出「小確幸」，接著明確「這種幸福不在於物質上的巨大富足，而在於精神上的享有」這一觀點。第三段舉俄羅斯最困難時期的例子非常恰當，進而昇華為「精神貴族」。既有伊拉克卡瑪爾的概括事例，又有白岩松對現實的關

注，文章的視野就比較開闊，因而更有說服力。

王素敏

【題目呈現】請以「暖」為話題，寫一篇作文。文體不限，杜絕虛假。

【解題簡析】「暖」是一個內涵非常豐富的話題詞，從自然到社會，從環境到人心，從歷史到現實，從他人到自己……它的反義詞是「冷」。這樣的話題，如何選擇切入角度很關鍵，「暖」是一種狀態或態度，「冷」是一種智慧和方法，究竟如何看待，不同視角，答案不一。

相似作文題目，可以舉一反三，請參看：

閱讀下面一段文字，然後作文。

自然界有冷有熱，人與人之間也存在冷與熱，為人處世也有冷與熱。一杯熱水比一杯冷水在冰涼下更易結冰，一個蘋果在冷水中比在熱水中更易融化，生活中有很多包含冷與熱的道理的現象。

請以「冷與熱」為話題，自選角度，自擬題目，寫一篇文章，不少於八百字。

提示：

「冷」：溫度低，不熱情，寂靜、不熱鬧、不受歡迎的，比喻灰心或失望。

由此可以拓展思維：冷傲、冷嘲熱諷、冷處理、冷淡、冷箭、冷酷、冷峻、冷漠自私、冷若冰霜、冷笑、冷眼旁觀、冷言冷語、冷語冰人、冷戰等。

「熱」：溫度高、情意深厚、形容非常羨慕或非常想得到、受很多人歡迎的。

由此可以引申到：熱愛、熱潮、熱心腸、熱誠、熱處理、熱火朝天、熱烈、熱鬧、熱切、熱身、熱望、熱血沸騰、熱衷等。

★自然界冷熱交替，才呈現出美麗的四季，地球才生機盎然，多姿多彩；

★人與人之間也存在冷熱，為人處世也有冷熱，對人對事要熱情，

遇事要頭腦冷靜，避免做錯事；

★冷是一種智慧和理性，一種處事的方法， 熱是一種情感與勇氣，是一種處事的態度，冷熱之間把握適度，做事就遊刃有餘，做人就熱情平和；

★過熱會燙傷人，過冷就沒有了愛與關懷，冷漠自私，使人心寒，冷若冰霜，甚至於對一些醜惡現象缺少一種是非觀；很多時候，我們寫作文要善於進行一種類比，將不同題目、相同話題進行整合，就會「舉一反三」，這樣事半功倍，寫作也是高效的。

下面看看同學們是如何就「暖」這個作文題目進行審題、構思、訓練思維的，頗有參考意義。

暖
——春風又綠江南岸（寫作提綱）

胡博

北京八中二〇一二屆，現就讀於北京工業大學。
死生契闊，與子成說，是我對文字的喜愛。
切磋琢磨，高山景行，是我對文學的態度，更是我對生活的態度。
珍惜愛自己的人，做最美好的自己。

一、暖是一種生活狀態，由天氣暖起筆，重點是對愛、美、生活的追求與禮贊，讓人感受到生的溫暖。暖是淺色系，是昂揚，是奮進，是包容，來自對花草樹木等各色生命的愛。關鍵是熱愛生命，融化冰雪——正反對比突出暖。

二、北京是溫暖的家。從北京城的風貌、人的生活起筆，暖在北京精神上——熱情，包容，有生活味道。從冬日早點攤上食物的熱氣，寫到精神的依托，是家的溫暖，是生活的安全感、地域的歸屬感，關鍵是北京精神給人的溫暖。

三、社會上的好人好事給人溫暖。關注並聯繫現實，但容易寫成評論，而且風格與暖這種標題有出入，我是不會這麼去寫的。

四、具體事物給自己溫暖。例如，讀書、寫詩、看電視……

對暖本身（與事結合）有描述→說出自己為什麼感受到暖或者說喜愛「暖」→有什麼收穫→並將一種具體的精神賦予給「暖」。

以詩歌為例，建議選擇三段論，將「暖」的內涵逐步加深。詩中的意象、景色（明快的）給我以溫暖。這是融入景中，即入境才會感到的，從而自然過渡到境，再過渡到情。每段都要強調暖（用語言），要寫出為什麼暖，即好處和影響。三段後用一段總結詩歌的景象、情感和意境之「暖」，自己詩化的生命，給自己、更給他

人溫暖。個人、社會和自然在「生命」之下統一，那麼詩的內容可以統歸到「生命」。

因此，第一、二、四段其實都是生命之暖，第二和三段又是生活之暖。

總之，暖是由外到內的，暖是生動可傳播的。春風又綠江南岸，我覺得這個綠的意境便是對暖（第一、二、四段）的完美解讀。品一品，既有生命之春，又有生活之趣，由外到內的暖意，一個綠字又有傳播之意，有自然，有人去觀察、有愛、有美……各種溫暖。所以，如果寫詩歌（第四段），以這首詩為例效果應該很好。

要先就暖說，然後賦予具體內涵要時時刻刻營造暖意。

（高三作文）

看著這份詳細的「提綱和構思」，才覺得，很多時候有些文題，我們也可以如此訓練自己的審題和成文能力。作者一步步說「暖」的含義，從自然到社會再到人生，詩意的生活無處不洋溢著濃濃的暖意。看得出，構思、筆法和內容都比較細緻，「步步留心，處處在意」，想必成文一定是一篇文質兼美的「優品作文」。

王素敏

我手寫我心

　　寫作是一種創造性和個性化很強的勞動，同一個問題、同一個現象，每個人的感受是不一樣的。而只有發諸真心，才能真正地感動自己從而感染別人。所以，作文萬萬不可「無我」，不可沒有我獨特而深刻的生命體驗，還有將客觀的作文世界和主觀的內心世界統一起來，強化「外世界」與「內世界」的協調一致，才可稱得上是「優品作文」。

　　【示例1】閱讀散文〈飄逝的含蓄〉之後，思考練筆：無論藝術還是人生，含蓄總是一種美，一種讓人回味無窮的美，寫一段話「含蓄是什麼」。

　　★含蓄是花落去時的無可奈何，是燕歸來時的似曾相識，這是大自然的藝術；含蓄是轉軸撥弦的三兩聲，是凝絕不通的聲暫歇，這是無聲的力量；含蓄是相映紅的人面桃花，是隨風寄予明月的愁心；含蓄是表面的不動聲色，是心靈澎湃的波濤。無聲勝有聲，含蓄是心心相印的默契，是柔韌的力度，讓心靈克服距離，超越時間，彼此感動。

　　★含蓄，是李煜獨上西樓時的無言，月下獨酌，孤影徘徊，遣愁歎息，他將一腔離愁化作滾滾東逝的江水，湧入詩詞，衝擊著後人的心靈；含蓄，是勃拉姆斯式的戀情，剋制自身，犧牲暫時，收穫永恆，他將一懷深情化作嚴肅的音符，融入樂章，洗滌著後人的靈魂；含蓄，是

留仙奮筆而書的《聊齋》，官貪「刺虐」無情，狐精鬼怪有意，他將滿腹不平之氣化作引人入勝的篇章，匯入典籍，喚醒了後人時而麻木的神經。含蓄，是不曾言明的愁緒，是不願說出的愛戀，是在書中委婉而深刻的批判。含蓄給人的是一種無聲處聽驚雷的震撼，是一種排山倒海潤物無聲的感動，是一種蕩滌人靈魂的吶喊，卻又不露聲色。

★含蓄是李清照那婉轉哀怨的詞，在悄然無聲中流露出濃厚深沉的情感；含蓄是隱忍不發、斂藏鋒芒的俠士郭解，在力量積蓄到最深時選擇爆發；含蓄是都德筆下的老師與學生上最後一課時內心的情感，在充滿敵意的環境下堅持自己心中那一份原則與信仰。含蓄是形式上的收斂與本質上的張揚，是情感在內心的汪洋恣肆，是力量在胸中默默積蓄，是正義與良知在腦海中的永不泯滅。

★含蓄是那將吐而未吐的玫瑰花蕾，有心人才能瞧見那一抹氤氳的紅裡裹著的露珠兒，嗅到那露珠兒帶著晨曦朝氣的甜香；含蓄是沉睡在大山千萬年的翡翠，只有有緣人才能撥開那樸實厚重的砂皮，讓那一抹豐潤瀲灧的水色綻放光芒；含蓄是未曾言語的情侶，含笑低眉四目相視時的瞬間，只有彼此感受那一絲情愫暗自彌漫在彼此的空氣中。含蓄有令人驚豔的美麗，卻是有心才可知，以平實為外衣，是為避免傷了其中深邃熾烈的情感，含而不露，卻將最真的情意表達得淋漓盡致。對於知音，含蓄就如同海上生明月時的貝，半裹著的殼裡閃爍著的晶瑩潤澤的珍珠光華。

以上幾例讀起來總有些讓我們感動的地方，雖個別處略顯稚嫩，但首先作者的心靈被文章打動，然後用心感悟，自然就打動了我們。除了化用詩句、形象說理、句式整齊、修辭得當等這些形式美的因素之外，情與思的自然流露成就了它們文質兼美。

1. 挖掘思想內涵，學會關注生活

作文就是對話，是自己與他人、與社會、與自然，甚至與自己的對

話，在對話裡尋求生命的交融，在發現中提升生命的本質，生活就是一篇對話的作文。

2. 讓心靈在自己的路上散步

國家大事，世界風雲，關注一個或幾個作家，關注一個或幾個國家或民族，關注自己所熟悉的某一領域，把握相對精深，寫起來就會遊刃有餘，從而實現個性化的閱讀與寫作。激發寫作激情，讓我們拿起筆就有一種怦然心動的寫作欲望，為此做到：

★時間親近：現實生活中的感人故事，值得品味的生活現象；

★空間親近：當心靈走進生活並用心去感受周圍的一切時，敞開心靈，文思泉湧；

★心理親近：現實生活中有許多內容能引起我們心靈的震撼和情感的共鳴，那麼作文中就要敏銳地發現並尋找感興趣的「非常話題」。例如，二〇一三年北京高考作文題，讓自己在積極的情感狀態下抒發欲罷不能的感慨，書寫自己內心思考的波瀾；

★造境親近：為寫作創設一個個具體可親可近的情境，在這樣一個特殊的「場」中感到有物可寫，有話可說，從而收到事半功倍的效果。例如：

——話題「美醜校園」，用心去發現校園的「美」或「醜」；

——觀察每個老師上課時的第一個動作和眼神，然後從中發現老師的內心世界；

——在每天上學的路上，去尋找和發現「今天」的不同；

——從自己今天說過的話、做過的事中發現自己的內心世界；

【示例2】我們的心中可以裝得下屬於自己的「一山一水、一草一木」，思考並感悟著其中的哲理與美意，然後可以以「山水教會了我審美」為題，寫成以下精彩片斷。

★自然美景是諸多美的要素因機緣巧合組合而成的那不可多得的一

瞬，也正是因此，便難免有所缺憾。九寨溝的水澄澈靈動，卻少了幾分大海的浩瀚深沉；江南的丘陵溫婉秀麗，卻少了幾分五嶽的雄奇巍峨。山水的不完美教會了我們用不同的視角、不同的心境去看待它，從而使我們一次次獲得新的感悟。所謂「相看兩不厭，只有敬亭山」或「我見青山多嫵媚，料青山見我應如是」或「一樹梅花一放翁」，都是在看風景時看到了自己。與其說是山水教會了我們審美，不如說是我們通過欣賞山水的不同視角來審視自己，從發現、欣賞自然之美的過程中感悟人生哲理之美。

★山是一位仁者，凡是世上的山沒有哪一座不是歷經歲月的侵蝕與磨礪。他看遍日升日落，俯瞰大地的滄海桑田，將成熟與內斂厚積在心底。山不張揚，也不靈動，任狂風吹拂，流水盤踞，樹木斑駁雕刻也不動聲色，默默地承受著、包容著一切。因此，山才是真正胸懷睿智的仁者，他教會人釋然淡然，沒有衝動，沒有浮躁，穩穩地傲立世間，用挺拔的身姿彰顯內心的犀利。斂起鋒芒，沉默並且孤獨著，將飽經的風霜化為內心的堅韌與執著，不僅僅位臨高處欣賞風景，更品味人間百味。

★教會我如何審視自然瑰麗的是金鞭溪。坐在溪邊，與草木共同呼吸已足夠讓人陶醉其中了。就在我覺得自己幾乎也要生出根來、化作草木之時，一縷躍動的金色輕輕在眼前一閃。再細看，原來是水流中流動的陽光。如此純淨又那麼絢爛，任何詞語都太顯蒼白，只覺得它太美。

這麼卑微的美是怎麼被審視到的呢？

審美，不是讓你用一種評判者的眼光去審視它，唯有放下人類高傲的架子，去親近自然，融入它才會發現其中蘊含的無限魅力。畢竟，大自然有自己的智慧，多麼美麗的景色也是由那些卑微得如水中陽光般的細碎的美拼合而成。把自己放到一個卑微的位置，才會真正領略到自然中無數美的要素，組合出自己心中最獨特的美景。審美之法，這大概也是之一吧。

★古人觀於天地、山川、草木、蟲魚鳥獸往往有得，以及求思之深而無不在也。我從山水中得到的啟示是，山水之美是得之於「心」的。自然景物之美往往是客觀的，但面對同一個秀美的西湖，白居易看到的是「水面初平雲腳低」，蘇軾看到的卻是「水光瀲灩晴方好，山色空濛雨亦奇」。不僅是不同的人對相同的景物有不同見解，就是同一人在不同的時候，以不同視角看山水都會有別樣的感受。「橫看成嶺側成峰，遠近高低各不同。」所以說，想要發掘自然山水中的無盡寶藏，當多角度審視山水，並與朋友交流體會，或讀詩讀書看看古人的見解，這正是「美景得之於心」的體現啊！

從語文到人生、從應試到素養；解放心靈，培育精神，伏脈沃野，文章寸心。原來，作文可以開啟一段生命的輝煌。我們沒有上天的眷顧，只有現實的勤奮；我們不是脫離現實的空想家，只是務本求實的探索者。追求深刻而不貶低清純，燃燒熱情而不拒絕理性，審視自我而不排斥關注社會與人生。多樣生活，別樣文章，從而實現「得作文者得天下」的理想。

【題目呈現】閱讀下面文字，按要求作文。

種子經歷與黑暗的抗爭，才能生根發芽、開花結果；蛹經歷痛苦的蛻變，才能衝破束縛、破繭化蝶。生命的發展，就是不斷從一個自己走向另一個自己的過程。這一過程，也許悄然無聲，也許轟轟烈烈。

結合上面材料，以「走向另一個自己」為話題，自擬題目，寫一篇不少於八百字的作文，文體不限（詩歌除外）。

【解題簡析】審題時，要注意「種子」、「蛹」然後到「生命」這樣一個由個別到一般、由具體到抽象的過程，同時「走向」是一個發展變化的過程，所思所寫的一切都要發生在這個過程中。

成文時，要考慮到由自我到他人、由歷史到現實的層層推進，不斷加深思考和認識，關鍵在於「另一個自己」是什麼樣的自己，應該是「新

我」對「舊我」的揚棄，這是本文的「核心競爭力」。

請看下例：

種子破土，必經黑暗；化蛹成蝶，須靠掙扎。由此可見，走向另一個自己是生命的發展，它的過程絕不會輕鬆舒坦，而是要經歷外界苦難的磨礪和內心痛苦的掙扎。杜甫少年即有鴻鵠之志「致君堯舜上，再使風俗淳」，可歷史沒有成全他，反而讓他背上了國破家亡、流離失所的枷鎖。不過，歷史真的沒有成全他嗎？不，它用常年漂泊、老病孤愁成就了另外一個杜甫，一個能寫出「吳楚東南坼，乾坤日夜浮」的胸襟開闊的杜甫。當他用自己枯瘦的手蘸起墨汁一樣濃黑的悲哀時，他已經完成了生命的突圍，走向了另一個自己；他不再是伶仃孤苦的杜工部，而成了詩中的聖人，中國幾千年文化歷史中永恆的豐碑。

下面幾篇文章，對題目和「另一個自己」的分析與駕馭，無論思想見解還是語言構思，都值得借鑒。

走向另一個自己

周馳

北京八中二〇一〇屆，現就讀於南開大學。

一個有點優雅，理科又很出色的女孩，相信學習是一種生活方式，

所以從來不怠慢每一天，飽滿的學養、熱情和理想，始終讓她卓爾不群。

種子耐不住黑暗的寂寞，無法破土，只成為百花叢下一具無名屍；蛹經不住逼仄的束縛，只能在自己編織的囹圄中沉淪。生命的意義在於不斷地蛻變，生活的勇敢者不憚前進，從舊我走向新我，走向另一個自己。

走向另一個自己，是在困厄中的安之若素，是面對阻擾的平和淡然。然而，多少才華橫溢的人不堪才思的枯竭與生活的潦倒，選擇將過往的光輝化為寂滅。茨威格輕輕旋開了煤氣開關，伍爾夫帶著她的敏感投入湖心。韶華過後剩下的唯有不堪重負的脆弱，於是，後人的景仰中多了一聲歎息，慨歎才華的無情隕落。

他們並未在苦難折磨時獨守頑強，沒有在考驗降臨時邁開勇敢的步伐，走向另一個自己。倘若他們邁出這勇敢的一步，視困難如浮雲，那才華的光芒定將大放異彩，生命的意義也將隨之展現。

錢鍾書與楊絳在那場文化浩劫中無疑是耀眼的一抹亮色。儘管好友傅雷、吳宓被壓迫而終，儘管楊絳的胞妹楊蕊被無緣由地殘害，錢氏夫婦卻始終在這別人看來無法忍受的苦難中安之若素。面對沉重的壓迫，他們選擇了直面困難，走向另一個自己。於是，在文化被消磨壓榨的十年中，錢氏夫婦的不輟筆耕為黑暗送來了光明，那部膾炙人口的《圍城》以睿智的幽默將那個時代的人物描繪

得窮形盡相。黑暗摧毀了多少創作的種子，而錢氏夫婦的淡然平和卻使他們共同走向光明，演繹出生命的不屈，彰顯出生命的尊嚴，完成了另一個自我的蛻變。

走向另一個自己，是在達到極限處的縱身前躍，是對生命永無止境的最好的詮釋。馮友蘭在與病魔抗爭的時期完成了《中國哲學史新編》，將「為往聖繼絕學，為萬世開太平」的誓言淋漓盡致地展現。季羨林亦在耄耋之年的《九十述懷》中說：「就像魯迅《過客》中所說的，無論前面是野百合，是野薔薇，還是墳墓，我都要走下去。」的確，外人看來已無法超越的高度似乎像一道無形的枷鎖，禁錮了繼續攀援的可能，但大師們在暮年的勇敢抉擇卻使他們走向另一個自己。自此，生命芳香四溢。

在這個「大師」湧動的年代，許多人迷失於功名之中，連自己的位置都找不到，談何走向另一個自己？浮華的時代同化了太多靈魂，時代正召喚著我們告別喧囂，走向另一個自己。心無陌路行無疆，讓我們守望自己的靈魂，感受靈魂可以達到的高度。

冷眼一瞥，生與死，行者，且趕路。

（高三作文）

本文俊朗，筆鋒間蘊藏著鋒芒和棱角，同時又不乏內在的邏輯和層層深入的思考。在首段提出觀點之後，以「走向另一個自己，是在困厄中的安之若素，是面對阻擾的平和淡然」「走向另一個自己，是在達到極限處的縱身前躍，是對生命永無止境的最好詮釋」，很好地使文章主旨不斷昇華，而豐富的材料和恰到好處地使用，彰顯了作者平日的積澱和駕馭材料的能力，從茨威格、伍爾夫到錢氏夫婦，構成了正反鮮明的對比，強有力地支撐著自己的觀點，而舉馮友蘭和季羨林的例子，又彰顯

了本文的文學色彩。另外，雋永俊朗的語言也為本文增色不少。

王素敏

走向另一個自己

周旭

北京八中二〇一二屆，現就讀於中國農業大學。
文字於我而言，絕不是應付考試的工具，而是自己成長道路的見證者。
先敬畏文字，再駕馭文字，用它雕琢時光，待到年華老去再來品讀，
才會別有一番風味。生活之美不過嘗世間百味，品甘醇抑或澀苦，
將往事點滴皆著墨，回首笑談中，拂去衣上紅塵土。

生命沒有不可承受之重，卻唯獨忌憚一個「輕」字。

人們背負著重擔，與苦難抗爭，經歷痛苦的蛻變，終於挺起被壓彎的脊樑，將重擔甩在身後，昂首挺胸，闊步向前。這好像是自己，卻又不完全是。內心堅守的信仰依舊如前，而自己卻變得更加高大，更加堅強，甚至可以俯視昨日的自己。這便是生命的發展，便是從一個自己走向另一個自己的過程。

生活在深淵中的人，並不為自己的境遇感到可悲，因為他不曾見過外面的世界。而從高臺墜入深淵之人，卻往往因見慣了光明浩瀚，而對陷入暗無天日的泥淖產生徹骨的絕望。曹雪芹便是從高臺墜入深淵的一個人，這樣見慣了奢靡的人突然間家道中落，那該是怎樣的一種重擊呢？然而，生命中沒有不可承受的境遇，只要你不輕賤自己，不利的外界因素就會成為助你完成生命蛻變的踏板，由腐朽邁向新生！

曹雪芹便是這樣，以辛酸的血淚為墨，在一筆一畫之間向高處行進。由一個豪門紈絝子弟走向了古典文學史上任光陰如何變換都不能抹殺的大師，他終究是在黑暗中頑強地與命運抗爭，褪去一身泥濘，走向另一個光明而偉大的自己。在薄薄的紙頁上，任由生命轟轟烈烈地揮灑。

而有的人卻是悄然無聲地走向另一個自己。默默承受生命之重，走向經歷磨難後光明的未來。

從主觀上講，命運對於每一個人都是不公平的，然而正是基於這一點，才能從客觀上說命運是公平的。關鍵在於你能不能正確看到命運的不公，這決定著你能不能走向更加淡泊成熟的自己。

陸羽因為天生容貌極醜而遭到生身父母的遺棄，被好心的和尚抱回寺中養育。然而他絕不是甘於向命運妥協的人，他不願參禪反而與佛門背道而馳，又因為相貌醜陋，幾乎被身邊所有的人輕賤、謾　。

然而，命運的可愛之處就在於，只要你不輕賤自己，希望與光明就會長伴你的左右。

陸羽離開佛門，在香茗中清修，終於走向了那個光明的自己，將自己漂亮地留在了中國茶文化的歷史上。

不管我們經歷的是怎樣的生活，都應該飽含希望地書寫人生。由一個自己走向另一個自己，勇往直前，生生不息。在莫畏黑暗、莫畏曲折、莫畏他人的眼光中，走向另一個自己。

（高二作文）

文章流暢清新，首段從輕與重入手，巧妙地解答什麼是走向另一個自己：「這便是生命的發展，便是從一個自己走向另一個自己的過程。」然後以曹雪芹為主體事例，強調「由腐朽邁向新生」。不僅如此本文還在中間部分回答了走向另一個什麼樣的自己，即「更加淡泊成熟的自己」，之後是又一個更加漂亮的事例——茶聖陸羽，恰當地證明了開篇「經歷痛苦的蛻變，終於挺起被壓彎的脊樑，將重擔甩在身後，昂首挺胸，闊步向前」，這是一種更加光明而永恆的自己。

行文自然，語言優美成熟，是值得借鑒的「優品作文」。

王素敏

涅　槃

武凡

北京八中二〇一二屆，現就讀於首都師範大學。

當年小軒窗裡，玉蘭樹下，老師不止一次地教導我寫作文當「帶著枷鎖跳舞」；
而今學著地理，過著在山水間翩然起舞的日子，卻一次次地想念當年咬著筆頭思考
怎樣將腦海中跳躍的奇思妙想裝在「命題」的容器裡的模樣。

種子在黑暗中生長，與黑暗抗爭，方可生根發芽；蛹要經歷激烈痛苦的蛻變，才能化蝶。

傳說當鳳凰老去的時候，它的身上會燃起輝煌熾烈的焱焰，而經歷過這痛苦的燒灼與掙扎，伴隨著一聲清唳，以天矯的姿態翔舞藍天的，已然是高貴美麗的鳳凰了，這叫作涅槃。

涅槃，即新生，也就是從一個舊的自己走向另一個自己的過程。

人這一輩子，總免不了年少輕狂，然而，每一個人都會遇到命運的轉捩點，只是有些人浴火而重生，有些人就此沉寂。

但無論如何，那都是另一個自己了。

有些人命運的轉折來得悄無聲息，潛移默化之間，命運的舵輪已經轉動，改變了一生的航向。比如方仲永，從年少時「出口成詩」變得「泯然眾人」，沒有什麼挫折，才華卻在整日的鄉土俚語、酒宴歡語中黯淡下去，終究被鄉間飛揚的黃土湮滅。比如宋濂，數年如一日，勤學不輟，飢寒交迫渾不顧，終於成了明代赫赫有名的大學士。

另一些人，命運的關卡卻似乎總愛折磨他們，「文章憎命達，魑魅喜人過」，命運一個驚雷又一個驚雷地劈在他們身上，他們卻

屹立不倒，痛苦的錘鍊終有一天粉碎了他們的外殼，噴薄而出的卻是那光耀千古的靈魂！王陽明屢遭貶謫，受盡苦楚，卻最終在與山盜悍匪刁民的鬥智鬥勇中，歷史性地開創了陸王心學，他的名字與孔子、孟子等一同高掛在歷史的天空。再如蘇軾、杜甫，無不是在顛沛流離中洗去了浮華裝裱，迎來了全新的成熟的自己。

「走向另一個自己」的過程是一個蛻變的過程，就像礦上開採翡翠，一塊石頭敲去砂皮，也許是價值連城的湖綠，亦可能一塊頑石而已，不同的是每個人是不是翡翠並不是命運注定的，蛻變後的另一個自己是由自身把握的。

這與口口相傳的鯉魚躍龍門是多麼相似，穿過激流，躍過龍門，便成了鱗爪飛揚萬丈光芒的龍！躍不過的話，也就是鯉魚了。

可這條龍還是當年的鯉魚嗎？

是的，一個人戰勝苦難後，會變得更成熟、更優秀、更偉大，他依然是「他自己」，只不過是「另一個自己」，更完美的自己。

鳳凰，勇敢地面對焱獄，迎接涅槃吧！

仰起頭，踏上通往另一個自己的荊棘叢生的路吧！浴火重生後，就是另一個自己了！

（高二作文）

以「鳳凰涅槃」來貫穿全文，是一種很好的思路，「鳳凰，勇敢地面對焱獄，迎接涅槃吧」，首尾呼應，第三段鮮明地提出「涅槃，即新生，也就是從一個舊的自己走向另一個自己的過程」的觀點，然後用方仲永、宋濂一正一反，再以王陽明等人進一步例證浴火而重生，再以翡翠和鯉魚的新穎例子使文章文采斐然。詞采優美雋永，材料豐富，思路清晰。

王素敏

【題目呈現】閱讀下面的文字，根據要求作文。

一代人有一代人的偶像。錢學森、袁隆平、宗慶後、張藝謀、馬化騰、劉翔……他們是不同時代不同行業的成功者，有無數崇拜者和模仿者追隨其後。

他們做過什麼，又是怎麼做的，被寫進了種種勵志讀本，然而，他們的成功很難複製，因為時間在變，萬物在變，一個人成功的賦予也在變。

時間不是一個抽象的概念。春夏秋冬，四時更替。物理時間隨著時鐘的指標分分秒秒匆匆地流逝，而人生的時間，則由大大小小的悲喜堆疊而成過去，由錯錯對對的選擇建構而成未來。所以，人生的真諦不在複製別人的成功，而是認識自己，在合適的時間裡做好該做的事！

根據上述材料的含義，以「我的時間」為標題，寫一篇不少於八百字的文章。

要求：①選擇角度，明確立意；②除詩歌外，文體不限；③不得抄襲，不得套作。

【解題簡析】這是二○一一年浙江高考作文題。這個題目的材料比較複雜，以「一代人有一代人的偶像」引入，很快說到「他們做過什麼，又是怎麼做的」，即由偶像到成功。第二段引入「時間」話題，將其與成功聯繫起來，得出「人生的真諦不在複製別人的成功，而是認識自己，在合適的時間裡做好該做的事」，這樣就給「時間」這個空洞又抽象的概念以確定的內涵，這是大家在審題時需要注意的地方，所以這個題目雖然給定了標題，但實質是材料作文，不能將其寫成話題作文，特別注意不要泛化「我的時間」的概念，這就要求我們行文時體現自我的特色，體現自我的思考和生活，對同學們平日的生活與積累要求比較高。

下面幾篇文章都比較好地注意了上述問題，值得一讀。

我的時間

朱思先

北京八中二〇一二屆，現就讀於北京大學。

我是平凡日子裡的普通人，隨性地生活著，性格在無數的起落沉浮中趨於平和。

愛恨分明，做事不苟且。

　　一生不過數十載，真正可以稱作「我的時間」的歲月著實短暫。如何讓「我的時間」變得更有意義，是個一直在延續也必將永遠延續下去的話題。

　　面對這一問題，有些人反求內心，以自我人格的完善成就生命的意義；有些人積極入世，用自己創造的社會財富實現人生價值，有些人深入自然，在與大自然純樸而深刻的生之共鳴中得到最震撼的生命美感……

　　我想，無論人們以怎樣的形式利用屬於自己的時間，有一點是必須要做到的，那就是「做自己」。

　　「我的時間」是那樣的短暫而寶貴，怎能浪費在過別人的人生之上？在我們人生的某個特定階段之中，我們也許會向某個特定的人學習。但這種學習只可作為一種借鑒，讓他人的故事與智慧成為豐富我們的時間的材料。若一味地模仿，失去了自我，我們便已與成功漸行漸遠了。

　　貝多芬自幼被父親強迫著成為莫札特一般的音樂神童，但最終成就他音樂上的高峰的，卻並非童年那不堪回首的模仿他人的經歷，而是那與莫札特截然不同的用音樂譜寫生命強音的只屬於貝多芬自己的時間。若他一味地模仿莫札特，做一個以樂式美取勝的音

樂家，想必也不會有如此高的成就了吧。既然是「我的時間」，就應當有「我的用法」，當你一心想要複製他人成功的時候，便已走入無法超越前人的失敗的困境之中了。唯有「做自己」才能夠創造新的只屬於自己的成功，才能把「我的時間」變得更有意義。

「做自己」並不僅僅意味著站在人生節點之上作出的選擇，更意味著對當初選擇執著無悔的堅持。當我們選擇了走一條屬於自己的道路，就意味著我們要面對更多的困難與挑戰。在冰冷的現實面前，「做自己」並不容易。

王菲在歌中唱道：「還有什麼值得歇斯底里，對什麼東西死心塌地？」她所唱的不正是現實那冷冰冰的規尺把我們框得理性至上，放棄「做自己」的悲哀嗎？而我們大多數人，有沒有在自己的時間裡做別人的事的經歷？

能把握自己的時間的人在外人眼中總顯得有些癡狂，他們絲毫不妥協於現實，用自己的方法過著自己的時間，不計得失，只求問心無愧，而往往被現實傷得很深。但正如程蝶衣所說，「不瘋魔不成活」，能為自己的選擇而癡狂不正是自己擁有了屬於自己的時間、真正活過的最好證據嗎？再看王羲之為字而癡，梵古為畫而狂，布克哈特沉浸在自己關於歷史的獨特沉思之中難以自拔……現實亦告訴我們，那些真正擁有「我的時間」的人們往往癡心到底而柳暗花明，成就了屬於自己的高峰。

四季更替，物換星移，在我之前悠悠千載已逝，多少雄才青山東流去，多少字墨被歷史風化。但我的時間仍在繼續，便還有我的時代等我開啟。我願堅定地選擇「做自己」，為我的時間而癡迷，以幾十載白駒過隙，不負生命等待千年的沉寂。

（高三作文）

這是一篇激情洋溢又富於理性思考力的佳作。將「我的時間」置身於歷史長河中，從開篇「是個一直在延續也必將永遠延續下去的話題」到結尾「以幾十載白駒過隙不負生命等待千年的沉寂」，作者的眼光和思考是深邃而跨越時空的。「做自己」是作者對「我的時間」的界定，貝多芬、王菲、程蝶衣、王羲之和布克哈特等人一一細數著「我的時間」內做自己的強有力的明證，彰顯著作者的邏輯力、思考力和語言俊朗的表達力，實為可貴。

王素敏

我的時間

戴祚銘

北京八中二〇一二屆，現就讀於復旦大學。
無論學習還是生活從來都是一絲不苟，舉止言談透露著紳士一樣的修養和內涵，
不做作不浮誇，腳踏實地地學習，認真對待生活中的每個細節，
從中發現著不一樣的美。

法國牧師納德蘭塞姆曾說：「假如時光可以倒流，世上有一半的人可以成為偉人。」然而，時間畢竟無法逆轉，我的時間，我們的時間亦在每分每秒地流逝。因此，我們為何不借鑒別人的成功，從而在自己有限的時間裡取得屬於「我」的成功？

於是，我決定效法先人來利用我的時間。在書中，我聞祖逖聞雞起舞，我亦起早鍛鍊；我知莫札特自幼練琴，我亦馬上學起小提琴來⋯⋯

但像這樣，僅僅是方式方法上的模仿，只能讓我的時間成為前人的複製品，而我也至多是一名優秀的模仿者。

或許，人生的成功不在於複製前人的成功，而在於學習了先人的成功後，用借鑒的方式取得自己的成功，讓「我的時間」真正屬於我自己。我想，時間在變，時代在變，運用時間的方式在變，然而 明人成功的精神內涵，那些十分寶貴的世界觀卻亙古不變，在偉人的時間和我的時間中都未曾改變。

看巴爾扎克那排得滿滿的時間表，我或許不會像他一樣讓我的時間成為「一天十六小時工作」的樣子，然而我會在我的時間中加入「勤勉」與「堅韌」，用這種寶貴的精神去利用我的時間。看列夫・托爾斯泰的付出，我或許並不會放棄現在的學生身份，把我的大部

分時間用在體察農人上，然而我會在我的實踐中抽出一部分來深刻地反省自己，並試圖去幫助那些陷於苦難的人們。

這樣，或許並沒有像巴爾扎克或托爾斯泰那樣去利用我的時間，但我在我有限的時間中同樣可以達到和他們相類似的效果。這樣一來，又怎能否認我的時間成為了前人時間的延續呢？這是我的時間，因為具體的利用方式都是我自己的；但同時更是先人時間的延續，因為是那些偉人們偉大的精神引領並指導著我去利用我的時間。

像這樣精神上的借鑒，或許可以讓我取得成功，或許我的時間可以有幸成為偉人時間的延續，但我至多也只是一名先人的追隨者。

我又能否讓後人在學習與借鑒中延續我的時間？

生命如此短暫，時光不可逆轉。倘若我能完全效法前人，那我的時間便是他們的；倘若我能在精神上學習與借鑒中延續了前人的時間，那我的時間有一半是我的；倘若我能讓後人在未來或效法或借鑒，延續著我的時間，那麼我的時間便真正屬於我，但同時，它更屬於整個世界。

（高三作文）

這是一篇不慍不火、充滿思考力的「優品作文」，處處將「我」和偉人們的時間比照，然後層層推進論證「我也至多是一名優秀的模仿者」「我至多也只是一名先人的追隨者」。文章越寫越深刻，用前人和偉人的精神引領我如何利用自己的時間，而不是簡單的模仿，最後一句「我又能否讓後人在學習與借鑒中延續我的時間」，讓文章在有力的思考和質問中結束，發人深

省。語言平實中飽含鋒芒與個性，富於理性又不失情懷，實為
可貴。

王素敏

我的時間

胡博

北京八中二○一二屆，現就讀於北京工業大學。

死生契闊，與子成說，是我對文字的喜愛。

切磋琢磨，高山景行，是我對文學的態度，更是我對生活的態度。

珍惜愛自己的人，做最美好的自己。

時間隨著時鐘的指標分分秒秒均勻地流逝，然而，它們並沒有消失。逝去了的時間，活在記憶的深度裡。人們在這段時間中的悲悲喜喜與錯錯對對，被永遠地銘記，與人生往事勾連，時間並不抽象。

人們在具體的一段時間中所取得的成就，便是他們的人生價值，每個人都有他們自己的時間。他們追求不同的理想，走著自己的人生路，於是便取得了不盡相同的成就。以正確而獨特的方式實現了大部分人可望而不可即的夢想的成功者，便如錢學森、袁隆平那些人一樣成為我們的偶像。

作為一個青年人，我擁有一段屬於自己的寶貴的時間，我渴望像那些成功者一樣，讓我的時間閃耀出成功的光彩。

如今時代快速發展，環境變了，機遇和挑戰也不同了，前輩的成功無法複製，我的時間要由我自己掌握。任何成功者都曾像我一樣平凡，是對夢想的執著追求讓他們超越平凡，是適合自己的方法和高尚的品德讓他們成就偉大。

是的，成功者首先要找到自己的夢想，並傾其一生去追尋它。這就像是我為自己的人生先定下基調，只有想好自己的時間要如何度過，才能珍惜分分秒秒。川端康成是日本美的守護者，為了傳播

物哀、風雅、幽玄的傳統美，他在有限的時間中創作出一系列文學經典。無論是呼喚人性美的《雪國》，還是批判茶道世俗化的《千隻鶴》，對於守護日本美的理想，川端始終不曾放棄。像川端一樣，對傳統文化的守護，對人性美的歌頌，對夢想的追求，將會是我的時間中最光輝的篇章，這是一切成功者傾其一生所追尋的，是我的時間存在的意義。

然而，只從先輩那裡繼承優秀的品質與正確的追求是不足以支持我成功的。在我的時間裡，一定要創造適合自己的方法。袁隆平以獨特的水稻雜交方式在自己的時間中走向成功，張藝謀以獨特的電影審美方式在自己的時間中走向成功。每一個獨特的自我，都唯有擁有自己的方式才能掌控自己的時間，一味地崇拜和模仿，失去了自我，那麼自己的時間就只能成為別人時間的延續。正是莫那無法超越的色彩運用，使他的時間被美麗的色彩填滿。懷著與莫同樣的對藝術的追求，梵古在畫中融入自己生命的熱情，珂勒惠支在版畫上雕刻自己所見的或悲或喜或惡或善的靈魂。作為獨特的個性，以專屬自己的人生經歷，創造獨一無二的方法，實現自身的價值，這是我的時間存在的方式。

人生的真諦其實並不是複製別人的成功。人活著，成功並不是一切，而也並不是每一項成就都稱得上成功。那些模仿而來的成功，只不過是贗品，它既無法體現我們自己的智慧，也無法展現我們的個性、我們的追求。活在別人的影子裡，不是我們在創造自己的成功，倒像是別人在拿我們的時間複製他們的成功。

我的時間，別人誰也偷不走。

當萬物在變，那些相對穩定而持久的精神財富便更見其價值，那是我們成功的基石。

當萬物在變，那些變化的方法便成為我們成功的必要保證，變化畢竟是自然規律，無法抗拒。

有了以上兩點，便能得到成功，我的時間便會因我的人生價值而達到永恆。

希望終有一天，我能像那些偶像一樣，讓我的時間、我的生命活在世人記憶的深處，永不褪色。

（高三作文）

這是一篇文質兼美的優品佳作，既有深刻而獨到的思想，又有豐富的文化積澱，更有富於哲理和詩意的典麗的語言。「逝去了的時間，活在記憶的深度裡」、「讓我的時間閃耀出成功的光彩」、「人活著，成功並不是一切」，這些思考不斷地撞擊著我們的心靈，同時完整清晰的結構，首尾呼應，中心集中，即如何在我的時間裡通過他人成功地引領創造屬於我自己的成功，需要時間、方法和高尚的品德。作者的見解是全面的，思維是縝密的，而川端康成、莫 等主體事例與袁隆平、張藝謀等輔助材料呼應，顯示著作者積澱的豐厚和駕馭素材的成文能力，語言平實從容中的清雅俊朗和富於意蘊同樣使文章增色，實為難得。

王素敏

我的時間

肖夏

北京八中二〇一二屆，現就讀於廈門大學。
不夠文藝清新，但是足夠努力。在文字的海洋中，
思想的天空下，經歷了最難忘的成長。
現在，在美麗的廈門，自信地繼續做著喜歡做的事，心裡裝得滿滿的，上路了。

我的時間，不會花在肅殺的冬日等待花開上，而會沉澱於曇花開放時的一瞬，凝望它永恆的美好；我的時間，不會用於倣仿某個偉人或是成功者的步態，我的時間，只為了我的信仰。

有人說，我們最先衰老的不是容顏，而是那不顧一切的衝勁。這何其可怕，又何其悲哀！時間流逝，帶走的難道一定是那份熱情、癡狂與勇氣？！

青春，是人一生中最美好動人的時間段，難道不應由我們這樣一群風華正茂的年輕人書寫最富有華采的篇章嗎？

青春無悔，是我的信仰，是我的時間激昂澎湃的地方。

別人的成功，亦是源於他們對信仰的追求與篤行，即非我們所信仰，又何必去複製？他們人生的時間是我們的指引、我們的導航，遙遙望向他們，我會更堅定我的信仰，讓我在合適的時間裡做好該做的事。

中國環球航海第一人翟墨的時間與海水相伴流淌，為了一個目標、一個固執的信念，抑或是一份信仰。在他眼裡，那看似單調的海上生活多了藍白以外的色彩。畫家雷諾瓦疾病纏身，他比我們更能體會時間的易逝與可貴，重病擊垮不了他，把畫筆綁在手臂上，他仍要揮灑他心中的油彩，那亦是生命的油彩，斑斕了他對生的信

仰。

不僅僅有翟墨，有雷諾瓦。千千萬萬的人，甚至我們自身都能回答這個問題。

每一分、每一秒都為追求自己的信仰而靜立、而狂奔、而呼告、而沉默，無論以何種形式，如此這般都能讓我的時間飽滿而充實，都能讓我做到青春無悔。

我的時間不一定很長，但一定不短。只要為了那份不輕易動搖的獨一無二的信仰，揮霍我的時間又何妨？徐志摩不接受友人勸告堅持在雨中靜候彩虹的出現，看似荒謬的行為卻使他的生命的時間濃縮出美的方式。林徽音評價他憑的是「完全詩意」的信仰，那如孩童般的堅執並非浪費時間；相反，是對自己的時間和信仰的全身心的尊重。

徐志摩的生命時間不長，甚至那場意外瞬間縮短了他的生命，然而，他生命的時間又很長。長到如今我們都在靜品他的詩作，懷念他那孩童一般的信仰。

在我看來，那樣的時間已經很長了。

無愧於自己，不希冀信仰的深度而濃烈地綻放自己的生命——這樣的生命的時間已經很長了。

成功，不是登上光榮的頂峰，幸福不全是擁有一切美好。

成功與幸福，是在我的全部時間裡，為了我的信仰而戰，是讓青春火花照亮我的，甚至更多人的天空！

之所以願意觀望一朵曇花的開放，不是時間充裕，不是傚仿張抗抗，只是願欣賞一朵花青春的每時每刻，一個生命絢爛的每分每秒。

看，我的時間不仍是為了我的信仰嗎？

（高三作文）

這是一篇富有激情和張力的習作，開篇鮮明地提出「我的時間，只為了我的信仰」這觀點，先說理再舉例。翟墨、雷諾瓦還有徐志摩和林徽音，這些為了各自信仰而「揮霍自己時間的人」支撐著觀點，論述分析充分，具有一定的感染力和號召力，語言曉暢，富於詩情。

王素敏

【題目呈現】閱讀下面一段材料，按要求作文。

傾聽是一種親和的態度。被傾聽的內容可以是長者的教誨, 朋友的訴說, 他人的牢騷，也可以是大自然的各種天籟等。一個謙虛好學的人，一個懂得善待他人的人，一個善於反省、自強不息的人，永遠懂得傾聽。

訴說是一種思想情感的表達與交流，是人與人、人與自然之間真誠溝通不可或缺的。學會訴說，也是一種智慧與修養。

請以「訴說與傾聽」為話題寫一篇文章。要求：（1）立意自定；（2）文體自選；（3）題目自擬；（4）不少於八百字。

【解題簡析】寫好此題，需注意明確概念內涵，確定寫作的角度：

★「傾聽」是「集中精力，開動腦筋，細心地聽取」之義，強調的是聽取的過程。傾聽，是親近自然的方式；傾聽，是接受信息的管道；傾聽，是真誠溝通的橋樑；傾聽，是淨化心靈的藝術。傾聽自然的聲音，傾聽美妙的音樂，傾聽前輩智慧的話語……在傾聽中成長感悟。

★「訴說」是「帶著感情地陳述」，強調的是情感真摯飽滿和對交流的渴望。

訴說使我們彼此互相信賴和支撐。在訴說中懂得理解、寬容和尊重……

「傾聽與訴說」：不同一般意義的聽說，而是帶有感情和思考，帶著理解和尊重。可以立意的角度有：

★方法論──理性、智慧、藝術→目的「雙贏」；

★世界觀──真誠、信任、心靈、尊重、鼓勵、力量、分享……→美好的品德修養。

請看下面幾個片段，思考成文的可取之處：

★傾聽大自然的聲音，是熱愛生活的表現。學會傾聽，傾聽自然的話語，你將會多一份美的體驗。

傾聽自然，才會有「夜發清溪向三峽，思君不見下渝州」的感慨；才會有「行到水窮處，坐看雲起時」的從容；才會有「相看兩不厭，只有敬亭山」物我相融的境界；傾聽使我們的生活變得更加美好。

★一堵哭牆，傾聽了多少猶太人對民族的熱愛與執著，又訴說了多少猶太民族的輝煌與哀傷。往日崎嶇曾記否？是的，他們牢記著昔日的點滴往事，但世界卻並未賜予他們訴說辛酸與歡樂的角落。於是，哭牆承載了傾聽一個民族心聲的使命，哭牆凝聚著一個民族的希望與寄託，向世界訴說著應被訴說的故事。

無論角度、觀點、材料還是語言，都可以從中看出作者各自獨到的思考，再請看下面幾個示例，同樣精彩：

【示例1】訴說與傾聽，都是為人處世的藝術。

訴說，需要人用發自肺腑的語言娓娓道來，讓優美的音符表達心靈的旋律。傾聽，需要人靜心，細細品味語言，用寬廣的胸懷包容訴說者的心靈。當訴說遇上傾聽，就像俞伯牙遇到鍾子期，一者以高山流水抒意，一者懷虔誠之心傾聽；亦如琵琶女遇到白居易，一者以大珠小珠抒情，一者因淪落天涯歎息；就像鄒忌遇到齊威王，一者委婉諷諫，一者從善如流；亦如魏徵遇到唐太宗，一者直言規勸，一者虛心納諫。或是遇到知音，或是志同道合，達到輝煌的雙贏。

傾聽者給予訴說者精神的慰藉，訴說者回饋傾聽者心靈的充實，把握訴說與傾聽的度，美便會由此產生。

【教師點評】所用材料體現出的觀點和語言的整齊雋永，耐人尋味。

【示例2】訴說與傾聽總是相依相伴，人總要訴說，總要傾聽。那麼，對誰訴說讓誰傾聽呢？最高明的是對心靈的訴說，讓靈魂傾聽。

對外界訴說，讓外界傾聽，訴說總會被外界的判斷貼上各樣的標籤，自己最終收到的只是符合外界評判標準的回答。對自己訴說，讓靈魂傾聽，一切交由自己，聽到的是自己內心的真實呼喚，才能做出忠於本我的選擇，得到最適合自己的答案。

我相信，像陶淵明那樣高風亮節的士子們都曾對心靈訴說過矛盾，讓靈魂傾聽利害的衝撞，並讓它來裁判，才會最終看透世間的黑暗，做出不昧良知、不叛自我的選擇；我也相信，像打假作家方舟子這樣站在風口浪尖的人們也都曾對心靈訴說過自己的困難與艱辛，讓靈魂充當現實與良知的裁判，才會最終堅守住正義與道德——因為，他們的良知對訴說的回答支持著他們。

　　對心靈訴說，讓靈魂傾聽，才會最終作出不背叛自我的選擇，也是正確的選擇，才能無怨無悔地度過人生，收穫一個清潔的靈魂。

　　【教師點評】作者的思考是「對誰訴說、讓誰傾聽」，於是回答「最高明的是對心靈的訴說，讓靈魂傾聽」，最終得出「正確的選擇，才能無怨無悔地度過人生，收穫一個清潔的靈魂」這樣的結論，這是很新穎的想法，說得也在理，例子分析也很恰當。

　　【示例3】如果說訴說是一門藝術，那麼傾聽定是一門比之更為複雜的學問。

　　魯迅先生曾說過這樣一段話：「與名流學者談話，對於他之所講當裝作偶有不懂之處。太不懂被看輕，太懂被厭惡。偶有不懂之處，彼此最為合宜。」當然，其中的諷刺意味不言而喻，但由此我們也可看出傾聽的確並非易事，好的傾聽必然包含著尊重、謙遜、包容和鼓勵。傾聽同訴說一樣可以看出我們的個人修養，而善於傾聽之人也必將從中獲益匪淺。唐太宗鼓勵百官直諫，「廣開耳目」，悉心聽取「房謀杜斷」，成就貞觀之治；武則天創立「自薦」求官制度，破格錄用有才能的庶人，使經濟繼續發展，國力不斷上陞；唐玄宗設集賢院，聚集學者，廣開言路，使政治清明，國家強盛，唐朝進入全盛的開元之治。不得不說，是他們的善於傾聽為自己留下了千古美名，更是他們的善於傾聽成就了世界東方的一個叫作「大唐」的國家的錦繡繁華與燦爛輝煌。

　　【教師點評】兩相比較，重在傾聽，大量事實輔以佐證，無可爭辯，有理有據。

從片段到全篇，從局部到整體，只有有自己獨到的思考和真情實感，選擇恰到好處的事例，通過優美的語言表達，即可成就「優品作文」，再看看下面幾篇文章。

傾聽與訴說

周馳

北京八中二〇一〇屆，現就讀於南開大學。

一個有點優雅，理科又很出色的女孩，相信學習是一種生活方式，

所以從來不忘慢每一天，飽滿的學養、熱情和理想，始終讓她卓爾不群。

英雄的生命如同洪鐘，你要砸碎它，它卻發出響徹雲霄的巨響。

——題記

生命已逝，洪鐘的餘音在靜靜地訴說著，但活著的人聽到的卻是悲壯、震撼的樂章。生命在訴說，時代在傾聽，而我們從那些經歷了歷史的變遷和朝代的興亡中分明感受到一種精神，一種雖遭時代沖刷，但卻愈顯清潔珍貴的英雄精神在訴說，我們傾聽著其中最為深刻的生命真諦。

古書云：「石可破也，而不可奪堅；丹可磨也，而不可奪赤。」英雄的生命是一種驚世駭俗的美，在世俗的淘洗中永不磨滅。司馬遷屢遭酷刑峻法，卻獨守堅毅和做人的正直，他扎根於「史家之絕唱」的理想，為了自己的信仰頑強地生存下來，隱忍苟活，完成了流傳千古的《史記》。他的生命遭到了非人的折磨，而他的精神卻也在煉獄般的磨難中愈堅愈赤。《史記》在訴說著頑強不屈的精神、堅定不移的理想和生命最高貴的價值，而我們聽到的亦是如洪鐘般響徹寰宇的生命最有力的樂章。

「我自橫刀向天笑，去留肝膽兩崑崙。」戊戌六君子之一的譚嗣同在獄中血書，在混沌昏暗的社會中掀起了一次改革的風暴。他

的怒吼與向著歷史更向著未來的訴說，正如一陣摶轉而上的旋風，吹散了社會停滯不前的瘴氣；正如鏗鏘有力的強拳，叩響了歷史變革的閂閂。當年記載著他遺書的那面牆在訴說著堅毅與執著的改革精神，而我們聽到的是有一個如洪鐘般震響的生命最華采的樂章。

他們當之無愧為英雄，他們以自己的生命撞擊著時代，他們生命的洪鐘發生了響徹雲霄的巨響。這巨響而今仍訴說在汗青中。庫爾茨曾說：「誰能以深刻的內容充實每個瞬間，誰就是在無限地延長自己的生命。」的確，生命已逝，留下的卻是無盡的悲情訴說。英雄的生命在訴說中延續，這樣延續為我們後來的聆聽提供了寶貴的迴響，悠悠綿綿。而我們這些虔誠的傾聽者聽到的都是經過了志士的鮮血澆灌後淬練而成的鋼鐵、沉水之後的磐石般壯烈堅毅，並且以我們後來者謙卑敬仰的虔誠為其注入了時代精神，奏響著生命樂章。訴說，是一種生命存在的方式，傾聽，是一種生命不朽的見證。

在訴說與傾聽中，我們在懂得了為理想信仰而拼搏捨身，頑強不屈地執著於理想的生命真諦後，也應該以自己獨特的方式讓生命訴說一段傳奇，讓時代傾聽信念的吶喊，讓自己的生命如洪鐘發出巨響，向一代一代的後人訴說著書寫我們時代精神符號的宣言。

（高一作文）

本文是一篇滿懷激情的習作。題記「英雄的生命如同洪鐘，你要砸碎它，它卻發出響徹雲霄的巨響」便不同凡響，將文章引向一個精神高地，寫英雄的訴說和傾聽。更可貴的是「生命在訴說，時代在傾聽」這樣鏗鏘有力的觀點，頗有震撼力。然後以司馬遷和譚嗣同為例證明古往今來的英雄們莫不如此，最後聯繫我們如何在歷史上英雄們生命的訴說中傾聽時代的最強

音，「訴說，是一種生命存在的方式，傾聽，是一種生命不朽的見證」是對全文的總結。文章有理有據，很有氣勢和感染力。

王素敏

聆聽與訴說

李曉理

北京八中二〇〇九屆，現就讀於美國約翰霍普金斯大學。
樂觀自強，成熟穩健，總能將個性鮮明的人凝聚在一起，
然後悄然「隱退」；用特有的真誠與善意默默關注著每一個他愛和愛他的人，
所以是真正的「學長」。

俞伯牙的綠琴，因為鍾子期的細心聆聽而喜斷碧弦；沈從文與熊十力因為互相傾訴對文學、對人生的看法而跨越了年齡上二十歲的差距，終成莫逆。於是我說：聆聽與訴說，是兩條清澈並歡唱著的小溪，承載著人與人之間的真誠與關愛，匯成溝通的長河。

河水湯湯，流蕩千年，其間不知留存了多少在聆聽與訴說後會心一笑的動人畫面……

青山濯濯，衣袂翩翩，可是那巍巍盛唐？這太平盛世，正是理智的傾聽與直率的訴說共力打造的結果。可以看見那「語雖逆耳，然字字珠璣」的魏徵，即使將皇上激怒，轉向欲走，卻仍敢抱住聖上的腿將話說完；也可聽聞，「不鳴則已，一鳴驚人」的房玄齡，談論治國良策時竟可一天一夜不吃不喝。然而，我最敬佩太宗，即便偶被觸怒仍舊能平靜地聆聽眾多異士們的主張：被魏徵氣得舊病復發，卻賜給他自己心愛的神駒；房玄齡通宵演講，他便也徹夜不眠地傾聽，並親自為愛卿傳膳。正因為有這樣的聖主，能人異士們方能盡心去報答，而太宗與一位位賢臣，便於傾聽與訴說間實現了雙贏，創造了人間盛世。

古語有云：「士為知己者死，女為悅己者容。」而這正是因為人們在聆聽與訴說的溝通中建立起了深厚的情義，憑著「一生得一知

己足矣」的快樂與滿足，人們方能如侯嬴為回報信陵君的賞識而捨棄生命，如虞姬為報項王的一片厚愛而甘願香銷玉殞，笑看生死，平靜地順承著生命中所有的不幸。

　　然而，當今又有幾人，在錢權交織的人際關係中記得去聆聽、去傾訴？在網上看過一則新聞，一個正值花季的女孩，卻因自身口吃受到同學的嘲笑、師長的忽視而用一瓶安眠藥結束了自己還未及綻放的生命。死者已矣，我不想再去探討，我只是想問，如果她的老師能不因齒課時而打斷她的發言，如果她的父母能停止忙碌、細心聆聽孩子的訴說，關愛那幼小的生命，這種慘劇，還能否發生？！

　　朋友，在成長的過程中，你的感知能力是否也在逐步退化？你還能否專心聆聽朋友的傾訴、頑童的嬉笑、父母的嘮叨如聽天籟？又能否毫無保留地將所思所想訴諸他人，如同一朵鮮花，無私地將全部美麗與芬芳給予春天？請試著訴說與聆聽吧！對朋友讀出你的鬱結，便會感覺無盡的舒爽，學會聆聽身邊的每一絲聲響，人與人之間那條溝通的河，才能蕩起快樂的浪花，奏出生命至美的樂章！

　　（高一作文）

　　開篇一句「聆聽與訴說，是兩條清澈並歡唱著的小溪，承載著人與人之間的真誠與關愛，匯成溝通的長河」，巧妙的比喻，並做到了首尾呼應，為文章結構的完整和清晰打下了基礎。主體部分以「巍巍大唐」為例，詳細分析了訴說與傾聽各自的魅力與意義，言語間流露出「訴說與傾聽」所需的親切與輕鬆。然後以侯嬴和虞姬的例子再一次佐證，又沒有贅餘之感，最後聯繫現實，呼喚人與人之間真誠的訴說與傾聽。思路連貫而清晰，很有條理。

　　　　　　　　　　　　　　　　　　　　　　　　王素敏

訴說與傾聽

陳深

北京八中二〇〇九屆，現就讀美國布蘭戴斯大學。

謙謙君子之溫和，玉樹臨風之挺拔，成為同學心目中的「優品男生」。

　　黃昏，晚霞，古道邊，知己相視百坐，訴說著，傾聽著。呷一口茶，微風拂過，化不開他們沉醉的表情，剪不斷他們的惺惺相惜……一幅絕美的畫面。訴說與傾聽，讓此心與彼心間忽略了隔閡，跨越了鴻溝，讓愛的種子遍佈世間的每一個角落。

　　每個人都不會永遠風平浪靜地看到落日餘暉，一生的彷徨無助與困苦常常吞噬著人的心靈，多少人將苦難壓在心底而抑鬱成疾？多少人因不堪重負而選擇自裁歸西？或許，每個人都需要有一個抗擊挫折的出口，讓靈魂的苦難釋放。傾訴，尋到那個彼此信任與交心的人，或許你會感到撥雲見日的那番快樂與感動。

　　那個坐在你身旁默默注視著你，為你難過更幫你尋找坦途的人注定在你心中的地位是無法取代的。傾聽是建立在平等與尊重上的將心比心而非心不在焉，敷衍塞責。傾聽與訴說，當思想的激情迸發出火花，當靈魂的苦痛得以撫慰，愛與友情便在此刻昇華。

　　有時，訴說與傾聽無需語言，這種交流更加感動人心。伯牙與子期，用音樂譜寫著知音的真諦，子期在那曲高山流水中聽到的伯牙內心的話語。那發自靈魂深處的交流亦鑄就了海倫·凱勒與孩子們的真情，雖然黑暗，縱使無聲，但海倫用心靈聽到了孩子們對自己的愛，對自己的信任，對自己的傾訴。傾聽與訴說，奏響了生命的

琴弦，給予人以希望與無限的感動。

　　然而，很多時候，我們麻木的心靈已經喪失了被感動的資格。我們不再傾訴，恪守著「交淺言深非君子」的信條，寧願自我封閉，寧願自我放逐，我們不再傾聽，凡有意見不合便立刻停止交流，寧願故步自封，寧願友人離去。伏爾泰曾說：「我不同意你的觀點，但我誓死捍衛你說話的權利。」無論訴說，無論傾聽，都應該讓心靈打開天窗，接受光明與希望的恩賜，當我們將自己的訴說局限於互聯網的虛擬世界中，迴避現實灼熱與渴望的目光，我們怎敢說自己尚還有勇敢而獨立的人格，當我們聽到駁論就拍案而起，揚長而去，我們怎敢說自己尚有寬容而堅強的心靈？心靈的家園需要外界的呵護，沒有了溝通，喪失了訴說與傾聽的權利，一如心靈的家園沒有了陽光與水的滋潤，那麼注定這靈魂的棲息地將走向分崩與滅亡。

　　用愛架起溝通心靈的彩虹，用訴說與傾聽化作無言的感動，我看到靈魂的那片淨土上萬竿碧竹，鬱鬱蔥蔥。

　　（高一作文）

　　本文用真摯的情感和語言，強調著「訴說與傾聽，讓此心與彼心間忽略了隔閡，跨越了鴻溝，讓愛的種子遍佈世間的每一個角落」，這個基本觀點，並在層層論述後得出「傾聽與訴說，給予人希望與無限的感動」這個結論。聯繫實際能使我們捫心自問，以真誠呼喚傾聽，親切自然，娓娓道來，易於讓人感動和接受。

王素敏

傾聽與訴說

黃依真

北京八中二〇〇九屆，現就讀於北京師範大學。
我心如同靜默的魯特琴，與世間萬象之音共鳴。
詞語是鳥，以比青春更快的速度飛離。於是留下那十幾歲記憶的殘影，
留一隻耳朵，給藍色大門另一側的鳥聲嚶嚀。有稚嫩之聲故作老成地叫：黃依真。

當俞伯牙縱情山水之間，用七絃琴的曼妙叮咚扣響自己的心曲時，唯有鍾子期聽懂他的訴說，兩人成為莫逆之交。這段千古流傳關於知音的佳話，成就在一份心靈的傾聽與訴說中，兩顆心在互相理解中找到歸宿。

人生在世，每個人都渴望著理解與溝通，沒有哪個人真是甘願踽踽獨行。

於是，我們需要訴說。在訴說中，有心意的傳達；在訴說中，我們尋覓，期待理解的目光。會訴說能訴說的人是幸福的。即便身處艱險，掙扎於逆境，心靈也不至於無依無靠。

訴說不一定靠語言。一切發自心靈的歌聲、樂聲，一部記滿辛酸的書籍，甚至是眼中的一道秋波流傳，都是一種訴說。還記得《安妮日記》嗎？那是一個花季生命對於全部青春的訴說，這份傾訴給藏身於狹小密室的猶太女孩以心靈馳騁的沃土；還記得〈命運交響曲〉嗎？那是一個扼住命運咽喉的巨人發自心底的吶喊，是心靈的傾訴；還記得感動中國的〈千手觀音〉嗎？那是一群熱愛生命的聾啞人，用絕美的肢體語言奏響愛的悲歌……可以說，訴說是為尋找知音，但訴說更是傾聽自己，給自己的生命注入信念與力量的過程。學會訴說，我們的生命之泉不會乾涸。

如果說訴說是傳播生命信念的過程，那麼，傾聽便是調撥的接收者，在聆聽他人的心曲時，我們找到了一份來自心靈的碰撞，一份對於相同生命體驗的感動。聆聽，使我們尋覓到心靈的伴侶，從此不再孤獨。

　　「弦弦掩抑聲聲思，似訴平生不得志。低眉信手續續彈，說盡心中無限事。」聆聽琵琶女如怨如慕地訴說，勾起謫居臥病潯陽城的江州司馬，「同是天涯淪落人，相逢何必曾相識」的悲歡，在嘈嘈切切錯雜彈的傾聽與訴說中，兩個飄零孤寂的生命得到了理解，「淒淒不似向前聲」那「江州司馬青衫濕」，是一份感動，更是一份對生命的悲憫和對苦難的感悟。傾聽與訴說是苦難中掙扎著的靈魂相守相惜，這份熱量，可以使嚴寒驅散，使堅冰消融。

　　傾聽與訴說，有時甚至以為這一份責任，就如一位牧師聆聽聖徒的懺悔。

　　學會傾聽，傾聽那份「春風得意馬蹄疾」的喜悅，也傾聽「滿紙荒唐言，一把辛酸淚」的悽愴；學會訴說，訴說悲歡離合，也訴說對生命的愛的感念。有了傾聽與訴說，從此世間沒有隔閡，從此心靈的聖殿鳥語花香。

　　（高一作文）

　　本文的獨到之處在於對「訴說」的理解，第二段思考很到位：「每個人都渴望著理解與溝通，沒有哪個人真是甘願踽踽獨行。於是，我們需要訴說。」並進一步說「在訴說中，有心意的傳達；在訴說中，我們尋覓，期待理解的目光。會訴說能訴說的人是幸福的」。讀來觸動心靈，然後更進一步說「訴說不一定靠語言」，排比一些典型事例，得出「學會訴說，我們的生命之泉不會乾涸」結論。一句「如果說訴說是傳播生命信念

的過程，那麼，傾聽便是調撥的接收者」，完成由訴說到傾聽的過渡，以大家熟悉的《琵琶行》為例，最後「傾聽與訴說，有時甚至以為這一份責任，就如一位牧師聆聽聖徒的懺悔」為點睛之筆。文章層次清晰，邏輯性強，材料豐富，語言典麗。

王素敏

【題目呈現】請以〈我想握住你的手〉為題寫一篇不少於八百字的文章。

要求：「我」、「你」可實可虛，可古可今；要有真情實感，寫出自己獨特而深刻的感受和體驗。

【解題簡析】這是一道既開放又限制的題目，比較能激發大家的寫作激情，自然也能寫出真情實感。

★限制：「想」是一種美好的願望，能否實現，彼此握手傳遞的究竟是什麼，比如一種精神、一種品格、一種文化、一種情懷等，不一而足；

★開放：「我」和「你」，可寫的範圍很廣，尤其是「你」，古今中外大家熟悉、鍾愛和敬仰的人物、文化、民族等皆可入文，就看自己的積澱和我心中的天地有多寬。

下面幾篇文章，就在這些方面顯示了「大我」的視角和情懷，值得借鑒。

我想握住你的手

徐天暢

北京八中二〇一五屆，現就讀於高二科技實驗班。
自幼習得古箏，故偏愛中國古典文化及其獨特韻味，
更對英美十九世紀前後的文學作品著迷，渴望像凱薩琳·恩肖一樣敢愛敢恨。

每當看到略顯荒涼的土地或是孤獨的古舊房屋，我的思緒總會掙脫時間與空間的束縛，幻想著你或是你筆下的凱薩琳·恩肖從房門中走出，幻想著有一天我能夠握住艾米莉·勃朗特的手，握緊你的雙手，體味你那長度極其有限卻有著開闊寬度的生命。

我想握住你的手，那該是多麼蒼白柔弱的手。從未遠離家園，一心一意地和姐妹探索文學世界，卻與她們不同，將自己緊閉於自我的世界中。評論家們甚至你的姐姐，都把「孤傲」的標籤貼在你的身上。那時的人們不懂，只有透過你那《呼嘯山莊》才會明瞭，你身上所謂的陰暗面是身處荒涼地域和內心充滿熱情碰撞後的痛苦結局，但是我們每個愛《呼嘯山莊》的人都不會因你消極待世而否認你的才華。你用你那雙略顯病態的手，握筆寫下了一部反抗鬥爭的文學傑作，你的手是你唯一一個對抗傳統文學界和呆板社會的武器。

尖酸刻薄的評論，眾人異樣的目光，他人的不解與嘲笑，你那雙柔弱的手怎能承受得住啊？你難道真的不知你的標新立異、超前思想的呈現是不被你所處的社會容納的嗎？你是要為你展示的才華與思想付出慘痛代價的啊！多想握緊你的手，幫你分擔些許的痛苦，溫暖你早已有些發涼的心。

雖然你的一生以「貧病交加、英年早逝」草草收尾，但是握住你的手，定能感受到血管蓬勃的跳動，因為我知道那不羈的希斯克利夫、常風雨交加的呼嘯山莊就住在你的心中。

　　你內心的奔放給我們留下了一段跨越階級身份的凱薩琳與希斯克利夫的愛情，是怎樣對愛的渴望才促使你寫下「我對愛德格的愛是樹上的葉子，季節的變遷會更改它的模樣，而我對希斯克利夫的愛則像是石塊，風雨侵蝕不了它，它亙古不變」的描寫？你作為一個從未戀愛過的女性是怎樣刻畫出臨終前凱薩琳對希斯克利夫難捨難分的掛念和希斯克利夫發狂般的復仇？

　　你敢愛敢恨卻從未愛過恨過，你渴望反抗與復仇卻只能屈服於現實的利爪下——變更心中《呼嘯山莊》的結局，捏造出一個小團圓的「完美」結局，你的生命太過倉促，等不到欣賞你的讀者出現……你的生命雖由悲劇構成，但帶給我們的卻是全新的文學享受。

　　多想握住你的手，告訴你，《呼嘯山莊》有人欣賞了，我們也真的懂你了，你的才華會綿遠地影響更多的愛《呼嘯山莊》的人們。

　　（高一作文）

　　這篇作文可以看出作者對《呼嘯山莊》及艾米莉·勃朗特的熱愛和比較深入的了解，這點對高一學生來說是很可喜的。行文緊緊扣住題目，本文的重點是強調了對「手」的描寫，是在點明了握手是要感受生命這個很高的立意之後，反覆描寫手：「那該是多麼蒼白柔弱的手」、「你用你那雙略顯病態的手，握筆寫下了一部反抗鬥爭的文學傑作，你的手是你唯一一個對抗傳統文學界和呆板社會的武器」、「你那雙柔弱的手怎能承受得住啊？」、「但是握住你的手，定能感受到血管蓬勃的跳動」

等，使文章中心突出，很有感染力，同時優美的語言，也與文章內容交相輝映，相得益彰。

王素敏

我想握住你的手

冷光乾

北京八中二〇一五屆，現就讀於高二科技實驗班。

如果你拿到英語成績，並不理想，心懷惆悵，情緒低落，請翻開我的卷子。這時，你有了自信，而我只會說，「不用謝」；如果你對鏡自憐，沉迷於自己的英姿美貌，醉心於自己的才氣膽識，請看一眼我的照片。這時，你意識到了天外有天，而我只會說，「不用謝」；我不是群星中最璀璨的那顆，但我定是「不用謝」的那顆。

假如我可以投身於歷史的長河，我願意回到南宋，留住那個年代最璀璨的光芒——岳飛，我想握住你的手，盡我全力挽留你南下的腳步。

我想握住你冰冷的手，溶化你那如磐石般的堅決。我想聽你的傾訴，傾訴這一路以來不曾有悔，縱馬狂奔血濺沙場，從未想過後退。我會理解你的「壯懷激烈」和你的「怒髮衝冠」，更會理解你「弦斷有誰聽」的苦楚和你的「空悲切」。所以，我不會鬆手，我要告訴你，這一切的禍首在南方，而光復中興的實現之處則在北方，前進才是你的方向！我希望你能放慢戰馬的腳步，在飛沙中遠眺故都的方向，從我炙熱的手中獲得力量，聽從內心的召喚，重回戰場。

就算矛盾，你也不會回頭，這才是事實。

那麼我會更加用力握緊你的手，帶你跨越空間的維度向北走。紛飛戰火、血流成河、背井離鄉、餓殍遍野……水深火熱中的漢人們需要解放的號角！只要你到了，岳字旗下就全是解放的肉體和靈魂。所有人在心中高喊「大宋」，便是一雪靖康之恥時。再到南方，臨安，一派歌舞昇平、燈紅酒綠。我要指給你看，這粉飾的太平背後的烏煙瘴氣，這一派祥和所隱藏的亡國危機。我希望你能對比兩

個地方，一個亟待你的前往，另一個將是你最後的前往。哪一個值得你去？我希望你能醒悟，認識到哪裡才是歸宿，然後重拾戰矛，發洩心中的仇恨與痛苦。

就算痛苦，你的腳步依然向南，這才是事實。

我不會放手。我會帶你穿越時間的維度，來到歷史長河中的太平盛世，帶你到理想國，告訴你真正的大道之行。在那些時代，官民和睦、鄰里相親、文化繁榮、經濟昌盛；清廉之風盛行，文化與法治的力量縈繞在社會，自由與民主的萌芽正茁壯生長……我希望你明白，這才是你心中的夢想、精忠報國的意義所在。我希望你會反抗昏庸的君令，告別愚忠，為信仰而戰！

但你不會，這才是事實。

我想握住你的手，我希望我能改變你，但我不能。也許你想過我所說的一切，還笑著向南前行，在那裡歸於塵土。

那麼我最終會鬆手，只握住那抹粲然而無悔的笑容……

（高一作文）

這是一篇充滿激情的作文，作為高一的學生，對這個題目的理解和把握是很準確和到位的。首先選擇岳飛來「握手」，就是想表達對岳飛的敬意，可是作者並沒有完全拘泥於此。文章層次分明地寫出他想握住岳飛手的原因「就算矛盾，你也不會回頭，這才是事實」、「就算痛苦，你的腳步依然向南，這才是事實」將一個真實的思考呈現出來，最後卻說「那麼我最終會鬆手，只握住那抹粲然而無悔的笑容」，出人意料，寫出了時代特色，以歷史的眼光審視歷史人物，這是難能可貴的。清晰的結構，飽滿的激情，豐富的內涵，都是本文值得學習的地方。

王素敏

我想握住你的手

祝晗

北京八中二〇一五屆，現就讀於高二科技實驗班。
因為努力追求快樂而逐漸接近幸福的成長者，
在生命的旅途中一路經歷，一路用心飛翔。
一個端莊沉靜、溫婉大方的與實際年齡不相稱的女孩。

「尋尋覓覓，冷冷清清，淒淒慘慘戚戚。」輕輕吟誦，詩句滑落唇尖，歷史濤聲依舊，而我卻唯獨遇見你——李清照，在時光永不停歇的流轉中，美得驚世駭俗。那一瞬間，我想握住你的手，與你一同走過。

年少無憂的時光，蕩漾著質樸與青澀的波瀾。「爭渡，爭渡，驚起一灘鷗鷺」，是怎樣的純真美好，生於書香門第的你又是怎樣的不染一絲塵埃，像極了被貝殼精心呵護的珍珠，小心翼翼地成長著。此刻你我大抵是相仿的年紀，握住你的手，是不是就可以一同分享這如花歲月，聆聽年華漸老？

驀然之間，你長大了，轟轟烈烈地投入愛情，如今已為人妻。「賭書消得潑茶香」，趙明誠與你，天造地設，如同雙飛的比翼鳥。誰知還沒來得及享受與心愛之人你唱我和的吟詩作對，金石研究尚未完成，他卻離開，留你一人獨守空閨。「雲中誰寄錦書來，雁字回時，月滿西樓。花自飄零水自流，一種相思，兩處閒愁。此情無計可消除，才下眉頭，卻上心頭」。別離的日子，我能想像你度日如年的愁苦，內心千回百轉的淒涼。讓我握住你的手，賦予你力量，傳遞你溫暖。

生逢亂世，帝國衰微。外敵的入侵，朝廷的苟安，使你也未能

幸免於難。

本以為你亦會隨波逐流、逃往他鄉，可誰曾想過你那柔弱的身軀卻挺起了堅韌的脊樑——「生當作人傑，死亦為鬼雄。至今思項羽，不肯過江東」。僅僅是一介平凡人家的女子，卻如此大氣豪邁，不禁令人肝腸寸斷，遠勝於那些有權有勢的鬚髮男兒。始終心懷國家天下，始終頂天立地從未畏懼，始終保有華夏民族的骨氣。我想握住你的手，接過歷史的接力棒，如你一般承擔起使命與責任，將我們稱之為中華魂魄的民族精神代代相傳。

我想人生就是如此，少年的清純歲月屬於自己，青年時代墜入愛河身不由己，壯年即要肩負起國家復興的重擔，真正成為一名社會人。這些都是你教給我的，用你傳奇的一生，用你不屈的靈魂，用你的樸素、堅毅和擔當。

我想握住你的手，永不鬆開，讓我走近你，也讓你感染我。

（高一作文）

這是一篇情感真摯、飽滿而又深沉的文章，選擇李清照就決定了本文文采的出眾，但本文又不止於此。文章以時間為序，按「年少無憂的時光」、「驀然之間，你長大了」、「成年的苦難」來寫李清照傳奇的一生，突出的是結尾處，「我想人生就是如此，少年……青年……壯年」，這些都是你教給我的，寫出了握李清照的手的價值和意義，這是本文的亮點。同時大量引用李清照的詩詞，增添文章的文學色彩，也增加了文化氣息。

王素敏

筆尖上的成長：名師教你寫作文　卷一　上冊

編　　著　王素敏

責任編輯　蔡雅如

發 行 人　林慶彰

總 經 理　梁錦興

總 編 輯　張晏瑞

編 輯 所　萬卷樓圖書股份有限公司

排　　版　菩薩蠻數位文化有限公司

印　　刷　百通科技股份有限公司

封面設計　菩薩蠻數位文化有限公司

出　　版　昌明文化有限公司

桃園市龜山區中原街 32 號

電話 (02)23216565

發　　行　萬卷樓圖書股份有限公司

臺北市羅斯福路二段 41 號 6 樓之 3

電話 (02)23216565

傳真 (02)23218698

電郵 SERVICE@WANJUAN.COM.TW

大陸經銷

廈門外圖臺灣書店有限公司

　　電郵 JKB188@188.COM

ISBN 978-986-94917-1-6

2020 年 4 月初版二刷

2017 年 5 月初版一刷

定價：新臺幣 360 元

如何購買本書：

1. 劃撥購書，請透過以下郵政劃撥帳號：

　　帳號：15624015

　　戶名：萬卷樓圖書股份有限公司

2. 轉帳購書，請透過以下帳戶

　　合作金庫銀行 古亭分行

　　戶名：萬卷樓圖書股份有限公司

　　帳號：0877717092596

3. 網路購書，請透過萬卷樓網站

　　網址 WWW.WANJUAN.COM.TW

大量購書，請直接聯繫我們，將有專人為您
服務。客服：(02)23216565 分機 610

國家圖書館出版品預行編目資料

筆尖上的成長：名師教你寫作文. 卷一 / 王
素敏編著. -- 初版. -- 桃園市：昌明文化出
版；臺北市：萬卷樓發行, 2017.05

　　冊；　　公分

ISBN 978-986-94917-1-6(上冊：平裝). --

1.漢語教學 2.作文 3.中等教育

524.313　　　　　　　　　　　106008397

本著作物經廈門墨客知識產權代理有限公司代理，由華文出版社有限公司授權萬卷樓
圖書股份有限公司出版、發行中文繁體字版版權。